# 스마트스토어로
## 월 매출 5,000만원
# 만들기

# 스마트스토어로
## 월 매출 5,000만원
# 만들기

**초판1쇄** 2024년 11월 11일 **초판2쇄** 2025년 1월 3일 **지은이** 김대영(시크리스) **펴낸이** 한효정 **편집 교정** 김정민 **기획** 박화목 **디자인** purple **일러스트** Freepik **마케팅** 안수경 **펴낸곳** 도서출판 푸른향기 **출판등록** 2004년 9월 16일 제 320-2004-54호 **주소** 서울 영등포구 선유로 43가길 24 104-1002 (07210) **이메일** prunbook@naver.com **전화번호** 02-2671-5663 **팩스** 02-2671-5662 **홈페이지** prunbook.com | facebook.com/prunbook | instagram.com/prunbook

ISBN 978-89-6782-227-9 13000
© 김대영, 2024, Printed in Korea

*책값은 뒤표지에 있습니다.

이 도서의 국립중앙도서관 출판예정도서목록(CIP)은 서지정보유통지원시스템 홈페이지(http://seoji. nl.go.kr)와 국가자료공동목록시스템(http://www.nl.go.kr/kolisnet)에서 이용하실 수 있습니다.

이 책은 저작권법에 따라 보호받는 저작물이므로 무단 전재와 무단 복제를 금지하며,
이 책 내용의 전부 또는 일부를 이용하려면 반드시 저작권자와 출판사의 서면 동의를 받아야 합니다.

# 스마트스토어로
# 월 매출 5,000만원
# 만들기

**부업으로 시작해 퇴사까지,
돈 버는 실전 가이드**

김대영(시크리스) 지음

푸른향기
Phunbook Publishing Co.

# 온라인 셀러 5년의 노하우를 모두 전해드립니다

12년 동안 현대, LG, KT 등 대기업에서 직장생활을 했습니다. 하지만 남들보다 조금 더 많은 연봉과 복지 혜택을 받았을 뿐, 근본적으로 제가 원하는 수준의 소득에는 미치지 못했고, 앞으로도 달성하지 못할 확률이 더 높았습니다. 직장생활을 평생 해도 서울에 있는 아파트 한 채를 사서 가족들과 걱정 없이 살 수 있는 것조차 쉽지 않은 것이 현실이었고요. 그래서 2020년 안정적인 직장생활을 그만두었고, 마흔 살을 반년 앞둔 시점에 새로운 도전을 선택했습니다.

그리고 현재 온라인 셀러가 된 지 5년 차가 되었습니다. 2023년에는 부가세 신고 기준으로 약 5억 원의 매출을 올렸습니다. 순이익은 매출의 약 19.5% 정도 되었고, 세후로 따지면 직장생활에 비해 1.5배 수준으로 연봉이 오른 셈입니다. 하지만 중요한 건 앞으로 이 격차가 계속해서 더 벌어질 수 있다는 것이죠.

그동안 아보카도오일을 비롯한 수입 식품을 위주로 판매하다가, 올해 목표인 10억 원 매출을 달성하기 위해서 스마트스토어를 2개 더 개설하였습니다. 건강기능식품을 OEM(Original Equipment Manufacturer, 주문자상표부착생산) 제조하고, 중국에서 공산품을 수입하는 등 판매 카테고리를 확장하고 있습니다.

이 책에서는 제가 운영하고 있는 스마트스토어를 오픈하고, 더 나아가 판매 아이템과 매출, 그리고 순이익까지 모두 숨김없이 오픈할 예정이에요. 그 이유는 현직 온라인 셀러로서 만 4년 동안 제가 경험하고 터득한 실제 노하우를 바탕으로 이야기를 풀어나가기 때문입니다. 제 아이템을 기준으로 제가 했던 방법을 그대로 설명하는 것이 이해하기 쉽고, 정확도와 신뢰도를 높일 수 있을 거라 생각합니다.

저는 한 달 만에 천만 원을 벌 수 있다거나 단기간에 큰 수익을 올릴 수 있다고 단언하지 않습니다. 물론 100명 중에 뛰어난 한두 명은 그렇게 될 수 있겠지만, 누구나 그렇게 단기간에 성공을 거두는 것은 불가능한 일이거든요. 이 책에서는 스마트스토어 운영의 정석에 가까운 방법을 아주 쉽고 정확하게 알려드리려고 합니다. 꾸준히 포기하지 않고 조금씩 성장해나간다면, 누구나 부업으로 시작해서 퇴사까지 다가갈 수 있다고 확신할 수 있어요.

이 책은 저처럼 조금씩 꾸준하게 성장해서 목표를 달성하실 분에게 추천합니다. 현재 직장을 다니면서 부업으로 시작해 퇴사까지 꿈꾸는 직장인, 육아를 하면서 여유 있는 시간에 부업으로 시작해 볼 육아맘, 오프라인 매장을 운영하면서 온라인으로 확장하고 싶은 사장님, 퇴사 또는 은퇴 이후 제2의 인생을 설계하는 예비창업자 모두와 함께 각자 목표를 향해 도전하는 데 도움이 되고 싶습니다.

'아무것도 하지 않으면, 아무것도 변하지 않는다.'

꾸준한 행동과 실행만이 성공으로 가는 지름길입니다. 저와 함께 '실행'할 준비가 되셨나요?

# Contents

# 상품 등록과 상위노출의 비밀

**Part 5**

# 마케팅과 판매 전략

**Part 6**

# 정산과 세금

**Part 7**

## 스마트스토어 운영에 도움되는 8가지 꿀팁

# Part
# 1

## 스마트스토어로
## 퇴직 준비

직장인이라는 직업은 안정적인 만큼 한계도 명확했어요.

LG와 KT 등 다른 대기업으로 이직도 해보고 스타트업 회사에서도 일해 봤지만,

결국 직장생활은 다 비슷하다는 결론에 다다르게 되었고,

내 일을 해야겠다는 생각을 하게 되었습니다.

# 01
# 대기업 그만두고 온라인 셀러가 된 시크리스

지금으로부터 17년 전, 2007년에 대학을 졸업하고 처음 현대라는 대기업에 입사했을 당시만 해도 지금의 제 모습은 상상할 수 없었습니다. 대기업에 들어가면 제 인생은 탄탄대로의 길을 걸을 줄 알았거든요. 하지만 현실은 그렇지 않았습니다. 많은 연봉을 받고 복지 혜택을 누리는 만큼, 더 많은 일을 하고 더 많은 눈치를 봐야 했거든요.

직장인이라는 직업은 안정적인 만큼 한계도 명확했어요. LG와 KT 등 다른 대기업으로 이직도 해보고 스타트업 회사에서도 일해 봤지만, 결국 직장생활은 다 비슷하다는 결론에 다다르게 되었고, 내 일을 해야겠다는 생각을 하게 되었습니다. 그러던 중에 제 인생의 가장 큰 전환점을 맞이하게 되었습니다.

# 1. 2020년 Covid-19가 가져온 인생의 전환점

돌이켜보면 누구에게나 인생의 큰 전환점이 한두 번쯤은 있었을 거예요. 2020년 1월 10일이 바로 제 인생에서 가장 큰 전환점이 있었던 날입니다. 저는 특별히 뛰어나지도 않고 뒤처지지도 않은 채, 주어진 일에 충실하고 열심히 일하는 그런 직장인으로 일하고 있었어요.

대부분의 직장생활을 IT 기획과 운영 업무를 맡아서 했었는데, 업무 특성상 프로젝트를 진행하고 관리하는 일이 많았습니다. 자연스럽게 업무와 연관된 출장도 많은 시기였고, 회사 업무에 치중하는 일이 많아지면서 어쩔 수 없이 가정과 개인의 시간은 줄어들게 되었죠. 이러한 회사생활로 인해 두 아이를 키우는 아빠이자 가장으로서, 자연스럽게 회사생활에 대한 회의감과 좀 더 나은 삶을 갈망하는 생각을 하기도 했습니다. 직장인이라면 누구나 항상 마음속으로는 저와 비슷한 생각을 하고 있지 않을까 생각도 드네요.

그러던 중 평소와 다름없이 장거리 출장을 다녀오는 길에 고속도로에서 교통사고가 났어요. 생각보다 꽤 큰 규모의 사고였는데, 정체가 시작되는 구간에서 뒤에 따라오던 차가 속도를 줄이지 못하고 그대로 들이받으면서 사고가 발생했습니다. 상상하지 못했던 교통사고가 제 인생의 전환점을 가져왔습니다. 저는 5주간 병원에 입원하여 치료를 받을 만큼 많이 다쳤고, 이 사고로 인한 시간이 제 운명을 바꾸는 결정적인 계기가 되었죠.

이때는 육체적, 정신적으로 가장 힘든 시간이었던 것 같습니다. 그 사이 코로나19(COVID-19)라는 무서운 바이러스가 순식간에 퍼지기 시작했고, 제가 입원해 있는 병원도 갑작스럽게 외출과 면회가 금지될 정도로 분위기가 심각했죠. 순식간에 전 세계적으로도 도시와 국경이 폐쇄되며, 한 번도 경험해보지 못한 상황들이 발생했었죠. 그러면서 우리 사회의 전반적인 변화가 발생하기 시작했는데, 오프라인 활동의 제약이 생겼으며, 바이러스 감염으로 인한 격리와 대부분의 회사에서 재택근무가 시작되는 시기이기도 했습니다.

불과 한 달 만에 온 세상의 모든 것이 바뀌게 된 것을 몸소 체감하며, 제 심경에도 많은 생각과 변화가 있었습니다. 특히 병원에 있다 보니 하루가 한 달처럼 느껴지더라고요. 그러던 중 불현듯 이런 생각이 들었습니다. '지금이 퇴사할 수 있는 기회다!'

## 2. 평범한 직장인에서 온라인 셀러가 되기까지

퇴사하기로 결심하니 하루라도 빨리 회사를 그만두고 싶더라고요. 하지만 '무작정 퇴사하면 무엇을 해야 할까?'라는 고민도 동시에 들었습니다. 39살이라는 적지 않은 나이였고, 12년간 달려온 회사생활 외에 무엇을 할 수 있을지 많은 고민이 되었어요. 그렇게 많은 고민 끝에 내린 결론은, 바로 온라인 셀러가 되는 길이었습니다.

한 달 내내 많은 고민을 한 것치고는 솔직히 선택지가 많지는 않았어요. 코로나로 인해 오프라인에서는 할 수 있는 게 전혀 없었고, 주식이나 부동산 같은 투자 또는 당시 유행했던 온라인 플랫폼(유튜브, 인스타그램, 블로그 등)을 통해 수익화하는 정도가 제가 해볼 수 있는 전부였습니다.

그중에서 온라인 셀러가 되기로 결심한 결정적인 이유는 가장 빠른 '수익화'였습니다. 주식이나 부동산 투자의 경우 손실에 대한 리스크가 굉장히 컸고, 이를 본업으로 하기에는 많은 시간과 경험이 필요했습니다. 온라인 플랫폼을 통한 수익화 또한 하루아침에 되는 것도 아니고, 많은 시간과 노력을 투자해야 수익이 발생하는 구조였습니다. 무엇보다 본업으로 할 만큼 꾸준하게 안정적인 수입을 얻을 수 있을지도 의문이 들었어요.

하지만 온라인 셀러의 길을 상상했을 때, 물건을 판매하는 것에 대한 성취감과 빠른 수익화가 저에게 잘 맞는다는 생각이 들었고요. 왠지 모를 자신감도 있었습니다. 이렇게 퇴사 결정과 새로운 직업에 대한 꿈을 꾸며, 5주간의 병원생활을 마치고 2월 중순에 퇴원했습니다.

그리고 곧장 회사로 복귀하자마자 퇴직서를 제출했습니다. 사실 완전히 회복되어 퇴원한 것은 아니었고, 교통사고로 입원할 수 있는 기간이 다 되어 퇴원을 했거든요. 실제로 퇴원 당시 한쪽 다리에 반깁스를 한 채였고, 이 상태로 출퇴근을 해야 했기 때문이었죠. 실제로 몸이 100% 회복되지 않은 상태였고, 몸이 회복되도록 휴식을 취해야 하는 상황이기도 했습니다.

하지만 그것보다 퇴사를 하고 내 일을 하고 싶다는 의지가 더 강하게 작용한 것도 사실이었습니다. 그리하여 2월 말일 자로 약 12년간의 직장생활을 마무리하게 되었습니다. 퇴원한 지 불과 2주 만에 이 모든 것이 아주 빠르게 진행되었습니다.

이렇게 퇴사를 하면서 이제 내 일을 할 수 있고, 본격적으로 해야겠다는 의지가 가득 찼습니다. 하지만 한편으로는 이제 고정적인 수입이 없어졌으니 하루라도 빨리 수입을 창출해야 한다는 부담감이 밀려왔으며, 다시 회사로 돌아가지 않으려면 어떻게든 직장생활을 할 때보다 많은 고정수입을 올려야 한다는 생각도 머리에 가득 찼습니다. 솔직히 당시 퇴사를 할 때 집에는 몸이 회복되지 않아 힘들어서 퇴사한다고 핑계를 댔었거든요. 조금 쉬면서 새로운 직장을 알아보겠다고 했었기에, 완전한 퇴사가 아니었고 어떻게 보면 조건부 퇴사였습니다. 그렇기에 누구보다 간절하고 절박한 심정으로 한 번도 경험해보지 못한 온라인 셀러의 길로 뛰어든 셈이었습니다.

지금 생각해보면 '내가 만약 회사를 다니면서 부업으로 시작했다면, 과연 이만큼 성장할 수 있었을까?'라는 물음에 대한 답을 쉽게 내릴 수 없을 것 같아요. 그 당시의 간절함과 절박함, 그리고 목표를 가지고 있었기에 어떻게든 할 수밖에 없는 상황이 지금의 결과를 만들었을 수도 있다는 생각을 한 번씩 하기도 합니다.

# 3. 온라인 셀러가 되어 좋은 점 3가지

    부업이 아닌 퇴사를 하고 시작한 온라인 셀러의 길이었기 때문에, 정말 후회 없을 만큼 시간과 노력을 모두 쏟아부으며 집중하여 일했던 기억이 나네요. 자신감과 열정은 있었지만 아무것도 모르는 채 시작을 했고, 그 당시 유명했던 유료 강의 같은 건 듣지 않고 혼자서 할 수 있는 모든 것을 해보면서 경험을 쌓고 조금씩 터득했던 것 같아요. 조금은 먼 길을 돌아왔다고 볼 수 있지만, 대신에 그 경험을 바탕으로 꾸준함과 포기하지 않는 열정 하나만 가지고 지금까지 잘 버티고 있다는 생각이 듭니다. 만약 실패했으면 다시 직장으로 돌아가서 월급쟁이의 생활을 했어야 했는데, 5년째 온라인 셀러의 길을 꾸준히 걸어갈 수 있는 것에 대해 감사한 마음이에요.

    이렇게 온라인 셀러가 되어 보니 직장생활을 했던 시절과는 참 많이 다른 삶을 살아가고 있습니다. 회사를 다닐 때는 제시간에 출근하고 퇴근하는 규칙적인 생활을 하면서, 회사라는 조직이 잘 성장하고 목표를 달성하도록 내게 주어진 일을 잘하는 데 삶의 초점이 맞춰져 있었어요. 그래야 정해진 월급에 추가로 성과급을 받으며 금전적으로 조금은 더 여유롭게 가족들과 생활할 수 있었기 때문이죠. 리스크는 적으면서 성장 또한 제한된 그런 삶을 살고 있었던 것입니다.

    하지만 온라인 셀러가 되어 보니 많은 부분이 달라졌어요. 거의 180

도 반대되는 삶을 살고 있다고 말할 수 있을 정도로 많은 변화가 있었습니다. 첫 느낌은 그냥 야생에 던져진 것 같았고요. 사업자등록증을 내면서 회사의 대표가 되었지만, 일을 해주는 직원이 없었기에 사장이면서 부장이자 대리였습니다. 현실적으로는 사원이나 알바생 수준으로 모든 일을 스스로 다 해내야 했습니다.

또한 운영팀이 되었다가 재무팀이 되기도 하고, 물류팀, 마케팅팀 등 모든 팀의 일 역시 스스로 다 해내야 하는 상황이었어요. 내가 몸담았던 회사라는 시스템 안에서는 극히 일부였던 내 존재가, 내가 만든 회사에서는 전부가 되는 그런 상황으로 변하게 된 것이죠.

하지만 사람은 적응하는 동물이기 때문에 어쩔 수 없이 이 모든 일을 하게 될 수밖에 없고, 자연스럽게 멀티플레이어가 되어가는 신기한 일이 벌어졌습니다. 이런 힘든 시기를 겪으며 일에 적응이 되고 나니, 오히려 회사생활을 할 때보다 훨씬 더 재미있어지더라고요. 처음에는 정말 '이 길이 진짜 내 길이 맞는 건가?'라는 생각도 종종 했지만, 지금은 온라인 셀러가 된 것을 전혀 후회하지 않습니다. 신기한 건 회사 다닐 때보다 더 많은 시간 일을 하면서도, 시간적으로는 제 시간을 많이 보내기도 한다는 점입니다. 시간을 효율적으로 사용할 수 있게 되면서 이전보다 좀 더 나은 방향으로 삶을 살아가고 있습니다.

그럼 온라인 셀러가 되어 가장 좋은 점을 세 가지 정도만 이야기해 볼게요.

### ① 내가 일한 만큼 보상을 받는다!

쇼핑몰을 운영하면서 주문을 하나라도 더 받고 한 번이라도 더 홍보하고 마케팅에 시간을 쏟는 만큼, 분명히 매출과 수익이라는 보상으로 돌아오거든요. 내가 일한 만큼 성과가 나오고 보상을 받는다는 것이 저에게는 가장 큰 매력으로 느껴졌습니다.

그래서 온라인 셀러 5년 차인 지금도 하루를 풀타임으로 쉬는 건 한 달에 하루 이틀 정도이고 평일, 주말 구분 없이 할 수 있는 만큼 최대한 열심히 일을 하고 있습니다. 회사에서 야근하는 것과는 다르게 당장 눈앞에 결과가 나오기 때문에 가능한 일인 거죠. 이렇게 1년 내내 쉴 틈 없이 일하는 대신, 12월에는 스스로에게 보상과 휴식을 주고 있어요. 1년의 목표를 세우면서, 1월부터 11월까지 열심히 달리면 충분히 달성 가능한 계획을 짜고 실행합니다. 그리고 매년 12월에는 매출이나 목표의 압박에서 벗어나 조금은 여유 있는 날들을 보내는 편이에요. 가족들과 해외여행을 가기도 하고, 개인적으로 혼자서 2주 정도 여행을 가기도 합니다. 이렇게 12월은 긴 충전의 시간을 가지면서, 새해가 되면 또다시 새로운 목표를 향해서 달려가고 있습니다.


### ② 언제 어디서든 일할 수 있다!

시간과 장소에 구애받지 않는 자유로운 근무 형태가 저에게는 또 하나의 매력으로 다가왔습니다. 정시 출퇴근을 해야 하는 직장생활과는 다르게, 온라인 셀러의 일상은 자유로운 편이에요. 택배기사님이 물건을 픽업하러 오는 시간에 맞춰 포장 업무를 다 끝내야 하는 것만 제외하면, 나머지 일들은 시간과 장소를 구애받지 않고 대부분 처리가 가능해요.

노트북 한 대만 있으면 언제든지 일을 할 수 있기 때문에, 요즘 같은 시대에 딱 맞는 직업이 아닐까 생각이 됩니다. 자유롭게 시간 활용을 할 수 있게 된 덕분에 저는 매일 아침 아이들과 함께 집을 나서며 학교에 데려다주고 출근을 하고 있고요. 아이들이 아프거나 무슨 일이 있을 때 케어가 가능해졌어요. 회사를 다녔다면 연차나 반차를 쓰고 부랴부랴 달려와야 했겠죠.

회사에서 야근하는 것과 다르게 온라인 셀러로서 일하는 시간이 많아졌음에도 가족과 함께 저녁을 먹을 수 있고, 가족과 함께 여행을 다니며 함께할 수 있는 시간이 오히려 늘어나게 되었는데요. 일과 가정을 모두 챙길 수 있다는 점은 굉장히 매력적입니다.

### ③ 비교적 리스크가 적다!

저는 사실 오프라인 매장을 차리는 것, 구체적으로는 레스토랑을 운영하는 것이 오랜 꿈 중 하나였어요. 하지만 섣불리 할 수 없었던 것은 시간과 비용에 있어서 굉장히 많은 투자를 해야 하기 때문이었습니다. 12년간의 직장생활을 하면서 모은 돈으로 시작하는 것은 불가능한 일이었고, 코로나와 같은 예상치 못한 큰 악재가 터지게 되면 한순간에 망할 수도 있는 사업이었어요.

하지만 온라인 셀러가 되는 것은 생각보다 어렵지 않고 비용도 많이 들지 않았습니다. 물건을 사다가 혹은 만들어서 팔면 되기 때문에 상대적으로 훨씬 적은 투자비용으로 시작할 수 있고, 위탁판매라는 방식을 이용한다면 거의 제로에 가까운 투자금으로 시작을 할 수도 있거든요.

리스크가 적다는 것은 한 번 실패해도 다시 일어설 수 있다는 것과 같습니다. 넘어지더라도 다시 일어서서 도전할 수 있다는 것은, 길게 봤을 때는 점점 더 성공에 가까워질 수 있다는 의미가 되기도 하거든요. 특히 온라인 쇼핑몰 중에서 스마트스토어는 리스크가 매우 적은 오픈마켓이기 때문에 성공할 확률이 아주 높습니다. 하이리스크 하이리턴이라는 말도 있지만, 로우리스크 하이리턴의 방식으로 시작할 수 있다면 안 할 이유가 없겠죠.

# 02

## 스마트스토어로 시작하는 것이
## 유리한 4가지 이유

스마트스토어는 전 세계에서 가장 유리한 조건으로 온라인 판매를 시작할 수 있는 플랫폼 중 하나일 거예요. 제가 직접 국내/해외 다수 플랫폼을 운영해본 경험으로는, 솔직히 수수료나 정산, 지원 정책 등 주요 항목에서 스마트스토어와 비교할 만한 플랫폼조차 없을 정도로 압도적으로 유리하다고 생각하거든요.

# 1. 온라인 셀러에게 가장 유리한 오픈마켓

만약 중국에서 온라인 쇼핑몰을 운영할 계획이라면 '타오바오' 플랫폼에 입점하는 것이 가장 유리합니다. 미국이나 유럽에서는 '이베이'나 '아마존'이, 동남아시아에서는 '쇼피'라는 플랫폼이 가장 유리합니다. 그 이유는 각 나라에서 가장 높은 점유율을 차지하고 있을 뿐 아니라, 50% 이상(타오바오의 경우 80%) 점유율을 가진 독보적인 대표 플랫폼이기 때문이에요. 그렇기 때문에 국가별로 어떤 플랫폼에 입점해야 할지 특별히 고민하지 않고 결정을 할 수 있습니다.

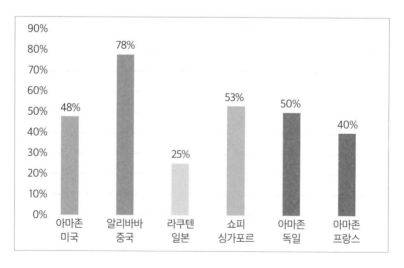

**각 나라별 오픈마켓 종류 및 점유율(2022년)**

하지만 한국의 이커머스 시장은 상황이 조금 다릅니다. 가장 대표적인 네이버 스마트스토어와 쿠팡 외에도 G마켓, 옥션, 11번가 등의 오픈마켓과 버티컬 커머스(vertical commerce, 특정 카테고리를 전문적으로 판매하는 쇼핑 플랫폼)라고 불리는 컬리, 무신사, 에이블리, 오늘의집 등 수많은 마켓들이 경쟁하는 체제로 되어 있거든요.

단 한 군데도 50% 이상의 점유율을 가진 강력한 플랫폼이 없다 보니, 온라인 셀러 입장에서는 어느 마켓에 입점해서 판매를 해야 하는지 고민이 되기도 합니다. 혹은 '이 수많은 마켓들을 다 가입해야 하는 걸까?'라는 고민을 할 수도 있고요.

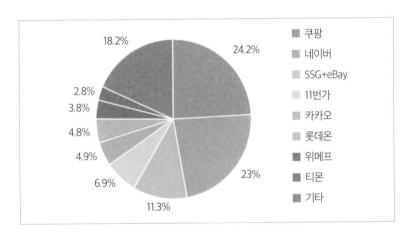

**국내 오픈마켓 종류 및 점유율(2022년)**

이렇게 수많은 마켓 플랫폼들이 치열한 경쟁을 하고 있지만, 그중에서 가장 대표적인 곳은 네이버 스마트스토어입니다. 쿠팡도 시장 점유율에서는 스마트스토어와 비슷하지만, 쿠팡 자체 판매 시스템(로켓배송)과 자사 PB제품(Private Brand, 자체브랜드상품)들의 판매량이 약 70~80%를 차지하고 있습니다. 이를 제외하고 비교하면, 사실상 스마트스토어가 국내에서는 압도적인 점유율을 가진 플랫폼이라고 할 수 있습니다.

## 2. 국내에서 가장 저렴한 수수료 정책

처음 시작하는 온라인 셀러 입장에서는 수수료가 굉장히 무겁고 부담되는 게 사실이죠. 솔직한 심정으로는 아깝다는 생각이 들기도 해요. 하지만 오픈마켓에 입점하여 인프라를 활용하는 만큼 편하고 쉽게 고객들에게 내 상품을 노출시킬 수 있기 때문에 수수료는 플랫폼사에 당연히 지불해야 하는 비용이기도 합니다.

그런데 플랫폼마다 수수료율의 차이가 매우 크다는 거 혹시 아시나요?

| 오픈마켓 | 수수료기준 | 기본수수료 | 추가수수료 | 기타수수료 |
|---|---|---|---|---|
| 스마트스토어 | 결제금액 | 1.98~3.63% | 2%(연동수수료) | |
| 쿠팡 | 결제금액 | 4.0~10.9% | · | 월 55,000원<br>(월 매출 100만이상) |
| 11번가 | 판매가 + 옵션금액 | 7~20% | 3.3%(배송비) | 월 77,000원<br>(월 매출 500만원 이상) |
| G마켓 / 옥션 | 판매가 + 옵션 금액 | 7~15% | 3.3%(배송비) | 월 77,000원<br>(월 매출 500만원 이상) |

**국내 오픈마켓 수수료 비교**

수수료는 같은 오픈마켓 내에서도 판매 카테고리에 따라서 조금씩 차이가 나기도 하는데요. 스마트스토어를 제외한 주요 오픈마켓들은

10~15% 수준의 판매 수수료를 내야 합니다. 쿠팡은 일부 카테고리가 10% 이하 수수료로 되어 있긴 하지만, 대부분 10~12%(VAT포함) 정도로 책정되어 있어요. 그리고 일부 마켓들은 20~30%의 수수료를 받을 정도로 어마무시한 수준을 보이기도 합니다.

| | 판매발생 시 발생되는 수수료 | | 홍보 비용 |
|---|---|---|---|
| | 네이버페이 결제 수수료 | 서비스 연동 수수료 | 광고 |
| 과금 비용 | · 영세(연 매출 3억원 이하)1.980%<br>· 중소1(연 매출 3~5억원)2.585%<br>· 중소2(연 매출 5~10억원)2.750%<br>· 중소3(연 매출 10~30억원)3.025%<br>· 일반(연 매출 30억원 이상)3.63% | · 네이버 쇼핑 연동 수수료 2%<br>· 쇼핑 라이브 연동 수수료 3%(캘린더 노출 라이브는 5%)<br>· 선물샵 연동 수수료 5~7%선이며, 상품군마다 상이 | · 쇼핑검색광고 CPC(클릭당 과금)<br>· 사이트검색광고 CPC |
| 과금 조건 | · 판매 발생 시 과금<br>· 사업자 규모에 따라 다른 과금 체계<br><br>· 노출에 대한 비용은 발생하지 않음(판매되지 않으면 비용은 0원) | · 네이버 쇼핑 / 쇼핑라이브 / 선물샵 유입을 통해 판매가 된 경우만 과금 | · 사업자의 필요에 의해 광고 집행 시 과금<br>· 판매와 상관없이 노출된 광고를 클릭했을 때 비용 발생 |

**스마트스토어 수수료 체계**

여기서 스마트스토어는 다른 오픈마켓들과 수수료에서 큰 차이를 보이는데요. 수수료가 2가지로 구분되어 있긴 하지만, 모두 합친다고 하더라도 약 2~6% 정도 수준이기 때문에 거의 절반 이하라고 볼 수 있어요.

이것은 비교할 수 없을 정도로 압도적인 스마트스토어의 장점입니다. 다른 오픈마켓들은 보통 시간이 지날수록 수수료가 오르는 경우도 있는데, 스마트스토어는 지속적으로 수수료율이 낮아지고 있죠. 이는 판매자들을 위해 얼마나 세심하게 신경을 쓰는 플랫폼인지 알 수 있는 항목 중 하나입니다.

높은 점유율과 가장 저렴한 수수료 정책, 이것만 봐도 스마트스토어로 온라인 쇼핑몰을 시작해야 하는 이유가 충분하지 않나요?

# 3. 국내에서 가장 빠른 정산 시스템

온라인 셀러에게 가장 중요한 항목 중 하나가 바로 '정산'이죠. 상품을 구매해서 판매하기 때문에, 정산을 빠르게 받을수록 유리한 것은 당연한 이야기일 거예요. 하지만 생각해보면 단순히 돈을 빨리 받을 수 있다는 사실에 그치지 않거든요. 판매량과 매출이 커질수록 심각한 문제가 될 수도 있습니다.

상품을 매입할 때는 보통 바로 대금을 지불하는데, 정산은 보통 곧바로 되지 않죠. 그럼 정산이 이루어지는 날짜 사이에는 투자 금액이 묶이게 되는데, 매출이 커지면 커질수록 이 금액은 상상 이상으로 커질 수 있어요. 실제로 월 매출이 1,000만 원 이상으로 올라가면 서서히 자금의 압박에 시달리고, 5,000만 원을 넘어 1억 원 이상이 되면 버티는 것도 한계에 부딪혀 대출까지 받아서 운영하는 온라인 셀러도 많이 있습니다.

특히 정산까지 1~2개월 정도 걸리는 오픈마켓에서는 잘 팔려도 걱정이고, 상품을 매입할 자금이 없어서 잠시 품절 처리를 해놓는 웃지 못할 상황까지 벌어지기도 해요. 이를 '흑자도산'이라고 하더라고요. 안타깝지만 현실입니다.

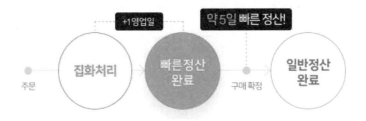

**스마트스토어 빠른 정산 시스템**

하지만 스마트스토어에서는 그럴 걱정이 없습니다. 온라인 셀러에게 아주 유리한 '빠른 정산' 시스템을 도입해서 지원해주기 때문입니다. 기존 정산은 '구매확정 +1영업일'에 이루어졌는데, 제품을 발송하고 3~4일에서 늦어도 10일 이내에는 정산이 되는 구조였습니다. 물론이것도 사실 오픈마켓들 중에서 가장 빠른 편에 속합니다.

그럼에도 빠른 정산 시스템이 도입된 후에는 말도 안 되는 수준으로 빨라졌습니다. '집화처리 +1영업일'에 정산이 되는 건데, 제품을 발송하면 사실상 다음 날 바로 정산 금액 100%가 입금되는 구조로 바뀐 거죠. 온라인 셀러 입장에서는 이보다 더 좋은 혜택은 없습니다.

# 4. 다양한 혜택 및 지원

| 구분 | 주문 관리 수수료 지원 | 매출 연동 수수료 지원 |
|---|---|---|
| 지원 기간 | 승인일 기준 익일부터<br>최대 12개월간 지원 | 승인일 기준 익일부터<br>최대 6개월간 지원 |
| 지원 내용 | 주문 관리 수수료 0% 적용 | 매출 연동 수수료 0% 적용 |
| 지원 한도 | 매월 순 결제 금액 500만원까지 | 한도 없음 |

스타트 제로수수료

### ① 스타트 제로수수료

스타트 제로수수료는 초보 온라인 셀러를 위한 수수료 지원 정책입니다. 주문관리 수수료는 12개월, 매출 연동 수수료는 6개월 동안 면제해주는데, 금전적인 혜택을 받는 것이기 때문에 굉장히 좋은 정책이라 생각되고요. 가장 저렴한 수수료율을 가진 오픈마켓에서 이것마저도 면제해주는 것은, 정말 판매자 입장에서 많은 것을 고민하고 노력한다는 것을 알 수 있어요.

네이버 스퀘어

## ② 네이버 스퀘어

상품을 올려서 판매하려면 예쁘게 사진도 찍어야 하잖아요. 하지만 '카메라를 사야 하나?' '스튜디오는 어떻게 빌리지?'라는 고민은 하지 않아도 됩니다. 네이버 스퀘어는 온라인 셀러를 위한 다양한 콘셉트를 가진 공간을 대여해주는 곳이에요. (https://bizschool.naver.com/studio)

제품 사진을 찍을 수 있는 스튜디오뿐 아니라 카메라와 조명, 소품 까지 일체 대여를 해주고, 쇼핑라이브 방송을 위한 스튜디오와 장비도 대여해주거든요. 사용법을 몰라도 괜찮아요. 상주해 있는 직원분들이 세팅하는 것까지 친절히 도와주셔서, 저도 지속적으로 잘 이용하고 있 거든요.

이외에도 사진촬영 교육, 멘토링과 컨설팅 등 지원을 해주는 프로그 램도 있습니다. 매월 공지사항을 통해 확인하고 신청할 수 있어요. 네 이버 스퀘어는 서울(역삼, 종로, 홍대)과 부산, 광주에서 이용할 수 있습 니다.

네이버 비즈니스스쿨

### ③ 네이버 비즈니스스쿨

네이버 비즈니스스쿨은 온라인 교육 사이트예요. (https://bizschool. naver.com) 처음 어떻게 시작해야 할지 막막한 분들을 위해서 스마트스토어와 네이버 쇼핑라이브, 광고와 스마트플레이스 등 기초부터 심화까지 다양한 주제로 온라인 강좌를 제공하고 있습니다. 기초지식 없이 스마트스토어를 운영하는 데 어려움을 해결해주기 위한 것으로, 강의를 들으면서 하나씩 따라서 해보면 도움이 되는 아주 좋은 교육 시스템입니다.

이렇게 몇 가지 핵심적인 부분만 소개해드렸는데, 이 정도만 해도 스마트스토어의 매력을 한눈에 알아볼 수 있지 않나요? 이렇게 된 이상 스마트스토어로 시작을 안 할 이유가 없겠죠. 온라인 셀러의 시작은 무조건 스마트스토어로 해야 하는 이유입니다.

# 03
# 부업으로 시작해서 전업으로!

온라인 셀러에 도전하시는 분 중에서 상당수는 현재 본업이 있고, 부업으로 해보려는 분들일 거라고 생각합니다. 사실 저는 어쩌다 보니 퇴사를 하고 시작했지만, 그때와는 상황이 다르기도 하고 리스크를 고려했을 때 부업으로 시작해서 점점 규모를 키워 전업으로 전환하는 것을 추천드립니다.

다만, 부업이라고 해도 '내 사업'이기 때문에 그 마음가짐만큼은 본업 못지않게 가지고 있어야 하고요. 매일 꾸준히 '일'을 해야 합니다. 오프라인 매장으로 매일 출퇴근을 해야 하는 강제성이 없기 때문에, '오늘 하루는 쉬어야지', '오늘은 회사 일이 바빠서…'라는 생각을 가질 수 있는데요. 부업으로 시작했을 때 가장 무서운 적이 바로 이 부분이에요. '그럼에도'라는 생각을 가지고, 매일매일 꾸준히 한다면 점점 전업으로 하게 될 날이 다가올 거예요.

# 1. 위탁판매, 아직도 괜찮나요?

2019년도 하반기쯤 스마트스토어 창업 붐이 일어났을 때, '위탁판매'라는 판매 방식이 크게 인기를 끌었습니다. 물건을 사거나 만들어서 판매하는 일반적인 '장사'의 개념에서 벗어나, 물건을 가지고 있지 않아도 되고 내가 직접 포장하거나 배송하지 않아도 판매를 할 수 있는 방식이 '위탁판매'의 개념인데요.

상품을 가지고 있는 공급자를 대신해서 내 스토어에 판매 제품을 올려놓고, 주문이 들어오면 공급자에게 발주서를 전달하는 방식이에요. 포장과 배송은 공급자가 해주기 때문에 간편하고 쉽게 판매를 시작할 수 있습니다.

위탁판매의 가장 큰 장점은 상품을 가지고 있지 않아서, 노트북 한 대만 가지고 있으면 언제 어디서든 바로 판매를 할 수 있다는 것이고요. 실제로 2019년부터 직장인과 전업주부 등을 대상으로 굉장히 폭발적인 인기를 끌었고, 지금도 주변을 보면 이때 처음 온라인 셀러의 길로 접어든 판매자가 많다는 것입니다.

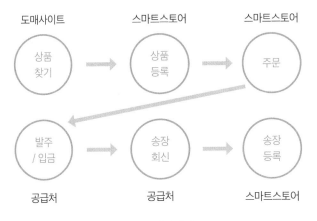

**위탁판매 방식 개념도**

하지만 장점이 있으면 단점도 있기 마련이죠. 한정적인 공급에 비해 폭발적인 수요 증가로 동일한 상품을 판매하는 경쟁자가 급격히 늘어나게 됩니다. 상품의 썸네일 이미지와 상세페이지 등 모든 것을 공급자에게 받아서 빠르게 상품을 등록할 수 있다는 장점이 오히려 문제가 된 것인데요.

소비자 입장에서는 상품을 검색했을 때, 똑같은 상품을 판매하는 수많은 스토어들이 노출되고요. 결국 구매를 결정하는 요소는 '가격'만 남게 되는 거죠. 판매자들은 경쟁에서 살아남기 위해 경쟁업체보다 가격을 낮추는 '최저가 판매'를 할 수밖에 없는 구조가 되었습니다. 그러다 보니 내 마진을 줄여가며 최저가 경쟁하는 것이 위탁판매의 가장 큰 단점이 되었습니다.

처음 위탁판매 방식은 단기간에 직장을 그만둘 수 있을 정도로 높은 매출과 순이익을 올릴 수 있었습니다. 하지만 지금의 현실은 '스터디카

페'나 '탕후루' 매장처럼, 급격한 판매자의 증가로 인해 레드오션의 시장이 되었습니다. 잠깐 시작했다가 매출이 안 나와서 그만둔 판매자가 늘어났고, 사입판매 방식으로 전환한 판매자도 많아지게 되었습니다.

온라인 셀러를 시작하시는 분들에게 가장 많이 듣는 질문이 있는데요.

"처음엔 위탁판매로 시작해야 하는 거죠?"

위탁판매 방식의 장점과 단점을 정확히 이해하고, 현재 내 상황에 맞춰봤을 때 이 방식이 맞다고 생각하면 괜찮습니다. 물론 매출 대비 순이익은 내가 생각한 것보다 적을 수 있겠지만, 일단 시작함에 있어서 이보다 더 쉽고 빠른 방법은 없기 때문이죠. 결국 꾸준히 '실행'하면 위탁판매로도 충분히 수익을 낼 수 있습니다.

하지만 어디까지나 부업 수준에 머무를 수 있다는 점은 염두에 두어야 합니다. 일단 시작해서 자리를 잡는다는 것에 목표를 두면 좋습니다. 이후 단계적으로 사업이나 브랜드 상품을 판매하는 방향으로 나아간다면, 부업으로 시작했지만 퇴사라는 목표를 이룰 수 있습니다. '시작'이 가장 중요하고, 장사로 시작하여 사업으로 전환하는 단계를 거쳐 목표를 이룰 수 있도록 끝까지 '포기'하지 않는 것이 필요합니다.

# 2. 장사에서 사업으로 전환하기

스마트스토어로 온라인 셀러가 된 후 3개월 정도가 되면 첫 번째 고비가 옵니다. 퇴사까지 꿈꾸며 큰 미래를 설계하고 시작하기 때문에 대부분 100일 정도는 열심히 하게 마련이죠. 이 시점이 되면 이제 두 가지 갈림길에 서게 되는데요.

첫 번째는, 운이 좋게 매출과 순이익이 어느 정도 발생하는 케이스입니다.

하지만 해보니 매출은 나오긴 하는데 실제 순이익이 생각보다 많지 않은 것이죠. 위탁판매 방식 자체가 보통 평균 20~30% 정도의 마진율을 가지고 있기 때문에, 여기에서 판매 수수료를 내야 하고 광고/마케팅까지 한다면 순이익은 정말 많지 않습니다.

성장하고 있고 잘하고 있는 것 같은데 실제로 통장의 잔고는 많지 않은 상황일 수 있어요. 이런 상황을 맞이했다면 이제 과감하게 사업 판매 단계로 넘어가야 할 시기입니다. '이게 과연 팔릴까?'에서 '어떻게 해야 수익을 더 많이 올릴까?'라는 고민으로 넘어가는 시기라고 할 수 있어요.

두 번째는 아쉽지만 매출이 거의 발생하지 않거나, 단 한 건도 판매하지 못한 케이스입니다.

아무것도 모르고 일단 시작했기 때문에 충분히 그럴 수 있어요. 경쟁이 치열한 위탁판매 방식으로 시작했기 때문에 판매가 안 되는 것이 당연할 수도 있거든요. 실패라고 생각하고 포기하시면 안 돼요! 경험을 했을 뿐, 실패라고 단정 짓기에는 이르기 때문입니다.

이런 상황을 맞이했다면 역시 사입판매 단계로 넘어가야 해요. 위탁판매 방식이 내 스타일과 맞지 않을 수 있어요. 장사보다는 사업에 맞는 스타일일 수 있습니다. 제대로 한 번 판매해보고 그때 판단해도 늦지 않습니다.

저는 위탁판매에서 사입판매로 전환되는 이 단계가 굉장히 중요하다고 생각합니다. 그 이유는 본격적으로 '리스크'를 가지고 시작을 하기 때문인데요. 리스크는 피해야 하는 게 아닌, 이겨내야 하는 것입니다. 리스크 없이는 큰 성공을 이룰 수 없어요.

예금이나 적금보다는 주식이나 펀드, 부동산에 '투자'해야 큰 수익을 거두는 것처럼, 온라인 셀러의 길도 안정적이며 경쟁이 치열한 위탁판매에서 벗어나 사업이나 내 브랜드 제품을 만드는 단계까지 나아가야 장사에서 사업으로 전환할 수 있어요. 즉, 부업에서 퇴사까지 갈 수 있는 시작의 단계라고 생각하면 좋습니다.

그렇다고 위탁판매를 그만두라는 이야기는 절대 아니에요. '아이템 소싱 5단계 전략'에서 자세히 알려드리겠지만, 아이템과 상황에 따라서 위탁판매와 사입판매, 브랜드 제조까지 모두 활용해야 하거든요. 무조건 '위탁판매만 할 거야'라는 생각에서 벗어나야 한다는 말을 하고 싶습니다.

# 3. 내 브랜드 제품이 필요한 이유

온라인 셀러 활동을 5년 정도 해보니, 안정적인 매출과 순이익을 꾸준히 내기 위해서는 '내 브랜드 제품이 반드시 있어야 하겠다'라는 결론이 어느 순간 세워졌습니다. 바로 두 번째 고비가 오는 순간입니다.

위탁이나 사입 방식 판매의 가장 큰 리스크이자, 내가 이겨낼 수 없는 리스크가 바로 '품절'입니다. 내 제품이 아니기 때문에 내 의지와 상관없이 공급이 끊기게 되는 경우가 꽤 많이 있습니다. 그 이유는 제각각이겠지만, 어떠한 이유로 더 이상 생산을 안 하는 경우도 있고, 애초부터 남은 악성재고만 판매하기 위한 목적일 수도 있습니다.

전업으로 일을 하기 위해서는 최소한 다니던 직장의 월급만큼은 꼬박꼬박 매달 수익이 발생해야 하는데, 공급이 끊어져 매출에 타격을 받는다면 많이 힘들어지겠죠. 특히 주력 상품이 1~2가지인 경우 정말 난감하고 힘든 시기가 찾아올 수 있어요. 이때가 내 브랜드 제품이 있어야 한다는 생각이 강하게 드는 시기일 거예요.

결국 어느 정도 리스크를 부담하면서 그 리스크를 이겨내고, 그 안에서 안정적인 매출과 순이익을 만들어 내는 것이 최종적인 목표가 될 수 있습니다. 일시적으로 큰 매출보다는 안정적이면서 점차 우상향의 그래프를 만드는 것이죠. 그러기 위해서는 반드시 내 브랜드 제품이 필요합니다. 결국 내 제품을 내 의지대로 판매해야 오래갈 수 있습니다. 어떠한 위기에서도 흔들리지 않는 것은 내 브랜드 제품이 있기 때문이기도 해요.

브랜드 제품을 만드는 것, 제조를 하는 것에 있어서 어렵게 느껴지고 특히 재고에 대한 큰 부담을 가지고 있다는 것을 잘 알고 있어요. 하지만 끝까지 포기하지 않고 도전한다면, 점점 그런 고민은 없어지고 자신감이 생길 것으로 확신합니다. 생각보다 빠르고 쉽게 제조할 수 있는 방법도 있거든요.

# Part 2

# 스마트스토어 시작

스마트스토어는 마치 자사몰 쇼핑몰을 운영하는 것처럼

내 스토어를 관리할 수 있는, 굉장히 잘 만들어진 플랫폼이에요.

그렇기 때문에 처음 가입할 때 입력하는 항목이나 절차가 조금

복잡하긴 하지만, 대신 서류적인 부분에서는 비교적 간편하기도 합니다.

# 01

# 사업자 등록과 통신판매업 신고 꼭 해야 하나요?

온라인 셀러가 되기 위해서는 사업자 등록부터 해야 합니다. 사업자 등록은 어떻게 하는 건지, 통신판매업 신고는 무엇인지, 아무것도 모르는데 처음부터 이런 절차를 거쳐야 한다고 하면 어렵게 느껴질 수 있어요. 그렇다고 포기할 건 아니죠? 요즘은 간소화 서비스로 인해서 쉽게 할 수 있으니 걱정 말고 따라 해보세요.

# 1. 스마트스토어 가입 필수 조건 확인하기

온라인 셀러가 되기로 결심을 했다면, '신고'부터 하고 시작을 해야 합니다. 어렵지 않은 절차이지만, 스마트스토어로 시작하면 그 절차는 더욱 간소화할 수 있습니다. 여기서는 가장 일반적으로 시작하는 개인 사업자를 기준으로 설명할게요.

개인사업자 가입 서류

스마트스토어에 가입하기 위해서는 기본적으로 '사업자등록증'이 있어야 해요. 그리고 대표자 명의의 통장 사본이 있으면 가입을 위한 준비는 끝이에요. 사업자 등록을 처음 하는 것이라면 여러모로 '간이사업자'로 등록하는 것이 유리한데, 통신판매업 신고를 하지 않아도 되는 장점도 있어요. 이건 스마트스토어에만 해당되는 거고, 기준을 넘어서면 다음 해에 통신판매업 신고를 해야 한다는 건 알아두시면 좋아요.

**♦ 통신판매업 신고 기준**

a. 연간 거래 횟수가 50회 이상인 경우

b. 간이사업자 기준을 초과하는 매출을 올리는 경우

그리고 예외로 면세품목을 판매하는 면세사업자로 사업자 등록을 하는 경우에는 통신판매업 신고가 반드시 필요해요. 주요 면세 상품에는 생산 후 미가공된 상태로 판매하는 농축수산물이 해당됩니다.

사업자 등록을 할 수 없는 부득이한 경우에는 '개인' 자격으로도 스마트스토어 가입이 가능해요. 만 19세 이상의 성인인 경우 본인인증만 하면 가입이 가능하고, 미성년자의 경우 법정대리인의 동의서와 가족관계증명서, 그리고 인감증명서 등의 서류가 있으면 할 수 있어요. 요즘엔 이렇게 10대 중고등학생들도 경제 관념을 배우면서 일찍 시작하는 추세이기도 합니다.

하지만 이런 조건들은 스마트스토어 가입 시에만 해당되는 간소화 절차로, 다른 오픈마켓에 가입할 때는 개인으로는 가입이 불가능하고, 통신판매업 신고증도 필수로 첨부해야 하니 참고하세요.

## 2.간이사업자 vs 일반사업자

사업자 등록을 할 때 간이사업자로 해야 하나? 일반사업자로 해야 하나? 고민을 할 수 있는데요. 결론은 신규사업자라면 무조건 간이사업자로 시작하는 게 유리합니다. 한 번 일반사업자로 등록하면 이후에는 절대 간이사업자로 등록하는 게 불가능하거든요. 간이사업자로 시작했다가 일반사업자로 전환은 언제든지 할 수 있기 때문에, 우선은 간이사업자로 해보시는 것을 추천드려요.

| 일반과세자 | 구분 | 간이과세자 |
|---|---|---|
| 간이과세자 아닌 모든 사업자 | 대상사업자 | 직전연도 1년 공급대가가 8000만원 미만인 개인사업자 |
| 공급가액 | 과세표준 | 공급대가 |
| 10% 또는 0% | 세율 | 업종별 부가가치율 X 10% 또는 0% |
| 세금계산서 또는 영수증 교부 | 세금계산서 | 영수증 교부 (직전연도 공급대가 합계액이 4800만원 이상인 간이과세자는 세금계산서 발급) |
| 매출세액 - 매입세액 | 납부세액 | 과세표준(공급대가) X 해당 업종별 부가가치율 X 10% |
| ① 직전기 공급가액 합계액이 1억5천만원 이상인 법인 : 해당 예정신고기간의 과세표준과 세액 자진신고 및 납부 직전기 공급가액 합계액이 1억5천만원 미만인 법인<br>② 개인 : 직전 과세기간 납부세액의 1/2 예정고지 납부 단, 30만원 이하는 고지 생략 | 예정신고납부 | 직전기 납부세액의 1/2 예정부과 납부 단, 30만원 이하는 고지 생략 (예정부과기간에 세금계산서를 발급한 간이과세자는 예정부과기한까지 신고 의무) |

| 매입세액으로 공제 | 매입금금 계산서 등 | 세금계산서 등을 발급받은 재화와 용역의 공급대가에 0.5%를 곱하여 계산한 금액을 납부세액에서 공제 |
| 공급가액의 1% | 미등록가산세 | MAX [공급대가의 0.5%, 5만원] |
| 적용대상 아님 | 납부의무면제 | 과세기간 공급대가가 4800만원 미만인 경우 납부의무 면제 |

출처: 기획재정부

간이사업자와 일반사업자 비교

간이사업자란 소규모 사업자에게 적용되는 세법상의 특례 제도인데, 가장 큰 혜택으로는 부가세 신고와 납부가 간소화되는 것이에요. 온라인 판매는 부가세율이 10%인데, 세금으로 내야 하는 매출 금액의 10%를 공제받을 수 있는 혜택이 있습니다. 물론 매입 금액의 10%를 환급받는 것은 불가능하지만, 온라인 판매는 상품 매입 외에 인테리어 등의 초기 투자 매입비용이 없기 때문에 간이사업자가 훨씬 유리해요.

이러한 세제 혜택은 2024년 7월 1일부터 상향 조정되어 연 매출 기준으로 1억 4백만 원까지 적용이 됩니다. 1년 동안 1억 4백만 원 이상으로 매출을 달성하거나, 1년 미만의 경우 1년으로 환산했을 때 이 금액을 넘어가는 경우 다음 해에 일반사업자로 과세 유형이 자동 전환될 수 있어요.

그리고 부가세 신고는 일반사업자가 1년에 2번(1월, 7월) 해야 하지만, 간이사업자는 1년에 1번(1월) 하게 되어 있습니다. 여러모로 간이사업자로 시작하는 것이 유리한 조건이에요.

간이사업자의 단점으로는 매출세금계산서 발행이 불가능하다는 것인데요. 우리는 온라인 셀러로서 스마트스토어 플랫폼을 통해 거래를 시작하기 때문에 이는 해당 사항이 없습니다. 나중에 도매 거래 등을 위해 세금계산서 발행이 필요해지는 경우, 그때 일반사업자로 전환을 고려해보면 됩니다.

# 3. 사업자등록증 신청하기

스마트스토어 가입 필수 서류인 사업자등록증을 발급하기 위해서는 직접 관할 세무서에 방문하는 방법도 있지만, 요즘은 간편하게 국세청 홈택스(www.hometax.go.kr)에서 신청할 수 있습니다.

**홈택스 화면 - 간편신청**

최근에 온라인 판매를 위한 사업자 등록이 많이 늘어나다 보니, 국세청에서도 업무 효율화를 위해 간편신청 메뉴를 만들었습니다. 인증서를 통해 로그인 후 '통신판매업 간편 사업자등록 신청' 메뉴로 접속하여 신청할 수 있고요. '통신판매업 등록신청'을 하게 되면 별도의 통신판매업 신고를 하지 않아도 됩니다.

**정보입력 화면**

먼저 사업자 대표의 개인정보입력 화면이 나오는데, 전화번호와 이메일 주소 외 필수 항목들을 입력해주시면 됩니다. 사업장 여부의 경우 사무실이 없어도 자택 주소로 등록이 가능하며, 본인 명의 또는 본인 명의로 임차한 주소지라면 자택이나 사무실 모두 가능합니다. 가족 명의로 되어 있더라도 가족관계증명서를 첨부하면 등록이 가능해요.

개업일자는 반드시 신청하는 날을 기준으로 정해지는 것은 아니며, 신청하는 당월 기준으로 1일부터 선택이 가능합니다. 특정 일자로 개업일자를 정할 수 있으니 참고하세요.

업종 선택 화면

업종 선택의 경우 업종코드 '525101', 분류명 '전자상거래 소매업'을 선택하시면 됩니다.

이외 사업장 주소지의 정보를 입력하고, 마지막 화면에서 첨부서류를 제출하는 것으로 신청 절차가 마무리됩니다. 이렇게 홈택스에서 사업자 등록을 신청하는 경우에는 관할 세무서에 따라 1~3일 정도 걸리는 편이에요. 빠르게 당일 사업자 등록을 완료하고 싶으시다면, 직접 관할 세무서에 방문해서 신청하시는 것을 추천드려요.

# 02

# 스마트스토어 오픈 및 세팅

스마트스토어는 마치 자사몰 쇼핑몰을 운영하는 것처럼 내 스토어를 관리할 수 있는, 굉장히 잘 만들어진 플랫폼이에요. 역시 IT 기업답죠. 그렇기 때문에 처음 가입할 때 입력하는 항목이나 절차가 조금 복잡하긴 하지만, 대신 서류적인 부분에서는 비교적 간편하기도 합니다.

처음 가입하기 전에 준비해야 할 것이 몇 가지 더 있는데요. 필수는 아니지만, 미리 준비해두면 더 유리하기 때문에 먼저 알려드리고 가입 절차에 대해서도 안내해드릴게요.

# 1. 사업자 통장과 카드 만들기

사업자등록증 발급받으셨나요? 그럼 이제 문제없이 스마트스토어 가입을 할 수 있습니다. 스마트스토어는 개인 자격으로도 가입할 수 있지만, 보통은 사업자 회원으로 가입하는 것이 일반적이기 때문에 이 내용을 알려드리려고 해요. 혹시라도 부득이하게 개인으로 가입하셔야 하는 분들은, 사업자 회원 가입보다 절차가 간소하고 내용 또한 비슷하니 이 내용을 참고하셔서 해보시길 바랍니다.

가입하기에 앞서 한 가지 팁을 드리면, 사업자 전용 통장과 카드를 만들어두시면 좋습니다. 그 이유는 부가세 신고나 종합소득세 신고를 할 때, 현금이나 카드 사용내역을 모아서 매입비용과 지출비용 등으로 구분해야 하는데요. 평소에 개인적으로 사용하는 카드를 겸용으로 써도 무방하지만, 매번 신고 때마다 이를 개인 용도로 사용한 비용을 제외하고 사업 용도로 사용한 비용을 구분해야 하는 번거로움이 있어요. 가능하면 사업용 통장과 카드를 별도로 사용하시면 신고할 때 시간이 많이 단축되고 편해요.

**홈택스 카드등록 메뉴**

  사업자용으로 신용카드 또는 체크카드를 만들었다면 홈택스에서 '카
드등록'을 하세요. 사업용 신용카드 또는 체크카드를 등록해 놓으면,
자동으로 사용내역이 집계되기 때문에 세금 신고할 때 별도로 입력하
지 않아도 조회가 가능하여 간편하게 신고할 수 있거든요. 사업자용 카
드는 여러 장 등록도 가능합니다.

# 2. 스토어명 정하기

스마트스토어는 가입할 때 내 '쇼핑몰'이 만들어지고 여기에 판매할 상품을 등록하는 방식입니다. 마치 내 홈페이지를 만드는 것과 유사합니다. 따라서 내 스토어의 이름을 먼저 정해야 하는데요. 이름 짓는 건 참 고민이잖아요. 그리고 이미 스마트스토어는 약 60만 개가 존재하고 중복된 이름은 허용하지 않기 때문에, 좋은 이름을 정하는 것이 사실 쉽지는 않아요. 하지만 아무렇게나 지을 수는 없기 때문에 몇 가지 팁을 알려드릴 테니 참고하셔서 내 스토어 이름을 한번 정해보시면 좋을 것 같습니다.

### ◆ 스토어명 지을 때 주의사항

a. 3~5글자의 기억하기 쉬운 이름이 좋아요.

b. 영문보다는 한글 이름이 좋아요.

c. 띄어쓰기는 하지 않는 것이 좋아요.

d. OO몰, OO마트, OO네 등의 이름도 많이 사용하는 편이에요.

e. 판매할 상품이 있다면 연관된 이름을 쓰는 것도 괜찮아요.

네이버는 검색창에 스토어명을 검색해서 내 스토어를 찾을 수 있거든요. 가능하면 기억하고 검색하기 쉬운 단어가 유리해요. 그리고 검색했을 때 같은 이름의 상품명이나 브랜드명, 블로그나 카페 등의 콘텐츠가 많이 노출되는 건 별로 좋지 않아요. 되도록 검색해도 아무것도 안 나오는 이름이 나중에 브랜딩하기에 유리하니 이 부분도 참고하시면 좋습니다.

참고로 스토어명은 '1회' 변경이 가능하니 처음 가입할 때부터 너무 많은 고민하지 말고, 일단 생각나는 대로 괜찮다 싶은 이름으로 빠르게 정하시는 것도 좋습니다. 간혹 이름 짓는 것을 너무 고민하여 한 달 동안 이름만 짓다가 가입을 못 하시는 분도 계신데요. 굉장히 비효율적이라고 생각하고, 일단 빠르게 정해서 진행해보는 것을 추천드립니다.

# 3. 스마트스토어 개설하기

모든 준비가 완료되었다면, 스마트스토어 개설을 같이 해보도록 하겠습니다.

스마트스토어센터 화면

스마트스토어센터(https://sell.smartstore.naver.com)에 접속하여 '가입하기'를 시작합니다. 가입할 때는 자주 사용하는 네이버 아이디로 연동하여 가입하는 게 좋습니다. 그 이유는 운영하면서 이메일을 수시로 확인해야 하는데, 스마트스토어와 네이버 메일을 각각 다른 아이디로 로그인하기에는 굉장히 번거롭기 때문이에요.

① 사업자 등록     ② 가입신청     ③ 서류제출     ④ 가입승인

## STEP 1. 사업자 등록하기

스마트스토어에 사업자로 가입하시려면 사업자 등록번호 인증이 필요합니다.

국세청 홈택스에서 사업자 등록 후, 사업자 등록번호와 사업자등록증, 사업자등록증명원 사본을 준비해주세요!

(사업자등록증명원의 주민번호 뒤 7자리는 마스킹하여 제출)

**4단계 가입 절차(사업자 등록)**

## STEP 2. 스마트스토어 판매자 가입 신청하기

사업자 유형을 '사업자'로 선택하신 후 준비하신 사업자 등록번호로 인증하시면, 가입 신청이 시작됩니다.
회원 정보 및 스마트스토어 정보 등을 입력하시고, 가입 신청을 완료해주세요!

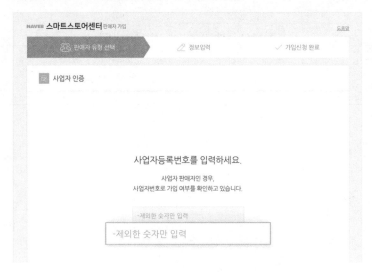

**4단계 가입 절차(가입 신청)**

1      2      **3**      4

사업자 등록      가입신청      **서류제출**      가입승인

## STEP 3. 서류 제출하기

STEP 1에서 준비하신 사업자등록증 및 사업자등록증명원 사본,
대표자/사업자 명의 통장 사본을 준비하여 스마트스토어에 제출해 주세요!

**4단계 가입 절차**(서류 제출)

①사업자 등록 ②가입신청 ③서류제출 ④**가입승인**

**STEP 4. 가입 심사 및 승인 완료**

가입 신청 완료 후 **14일** 이내에 모든 필수 서류를 제출하시면, 가입 심사가 시작됩니다!
가입 심사는 **3일(영업일)** 이내 진행되며, 심사 결과는 메일 및 SMS 문자로 안내드립니다.

**4단계 가입 절차(가입 승인)**

가입 절차는 크게 4단계로 나눌 수 있는데요. 익숙하지 않으신 분들도 각 단계별로 대부분 어렵지 않게 입력 후 가입 절차를 완료할 수 있어요. 하지만 입력하는 화면 자체가 많다 보니, 이해를 돕기 위해 자세히 설명해드리겠습니다.

판매자 유형 선택

스마트스토어 가입은 개인, 사업자, 해외사업자 이렇게 3가지 유형 중에 선택할 수 있습니다. 여기서는 사업자 회원 가입으로 진행해볼게요.

사업자 인증

발급받은 내 사업자 등록번호를 넣어 인증하면 됩니다.

**네이버 비즈니스 서비스 연결하기**

스마트스토어 운영과 연관된 항목입니다. '네이버 쇼핑'과 '네이버 톡톡' 모두 활성화해주면 됩니다. 쇼핑 광고 대행사(선택)는 '선택 없음'으로 그냥 두면 되고요. 스마트스토어를 처음 시작하게 되면 어떻게 알았는지, 광고 대행사들의 영업 전화나 문자가 많이 올 수 있어요. 처음에는 가볍게 무시하고 시작하시길 권장합니다. 항상 그렇지만 잘 모르는 상태에서 무언가를 맡기는 것보다는, 맡기더라도 내가 어느 정도 알고 이해한 후에 진행하는 것이 좋아요.

'네이버 톡톡'은 C/S를 위해서 반드시 활성화해야 합니다. 그렇지 않으면 전화로 모든 C/S 문의를 해결해야 하는 상황이 발생할 수도 있어요. '네이버 쇼핑'과 '네이버 톡톡' 모두 스마트스토어 개설 완료 후에도 변경 가능한 항목이긴 해요. 하지만 일단 반드시 필요한 항목이니 모두 활성화하고 넘어가도록 하겠습니다.

**약관 동의**

약관은 가볍게 한번 읽어본 후에 전체 동의하고 다음 화면으로 넘어

갑니다.

**사업장 정보**

    내 사업자등록증에 나와 있는 정보를 바탕으로 사업장 정보를 입력합니다. 통신판매업 신고 여부는 간이사업자로 가입하신 분들은 '통신판매업 미신고'를 선택하고 넘어가도 전혀 문제 되지 않습니다.

## 대표자 정보

1인 대표의 경우 휴대전화 본인인증으로 간단히 완료하면 됩니다.
공동대표인 경우 각 대표자의 정보입력과 인증을 완료해야 합니다.

## 스마트스토어 정보입력

내 스토어의 정보를 입력하는 화면입니다. 미리 생각해두었던 스토어명과 스마트스토어 URL 주소, 소개글과 고객센터 전화번호를 입력합니다. URL 주소는 중요하지 않으니 스토어명과 같거나 유사한 영문으로 넣으면 되고요. 소개글은 간단히 내 스토어를 소개하는 문구를 넣어줍니다.

소개글은 개설 이후 자유롭게 변경 가능하므로, 이곳에서는 간단히 넣어도 무방합니다. 고객센터 전화번호는 고객에게 노출되는 번호인데, 개인 휴대폰 번호를 오픈하는 게 부담스럽다면 각 통신사에서 제공하는 투넘버 서비스나, 070 또는 050 등 인터넷 전화번호를 구입하여 고객센터 전화번호로 이용하셔도 좋습니다.

**판매 상품 정보입력**

판매할 대표 상품의 카테고리 정보를 입력하는 화면입니다. 아직 어떤 아이템을 판매할지 정하지 못했어도 전혀 문제없어요. 대표 카테고리는 내가 실제로 판매하는 상품군에 따라 자동으로 변경되기 때문에(추후 자유롭게 변경도 가능합니다) 일단은 아무거나 선택하고 넘어가도 됩니다.

상품 판매권한 신청은 해당되는 분들만 선택하면 됩니다. 특정 카테고리의 상품의 경우 기본 서류 외에 추가로 필요한 경우가 있거든요. 해외상품이나 건강기능식품, 의료기기, 전통주 등의 카테고리 상품을 판매하실 계획이라면, 해당 항목을 눌러서 필요한 서류를 확인하는 게 좋습니다. 마찬가지로 개설 이후 언제든지 판매권한을 추가로 신청 가능하니 여기서는 일단 넘어가도록 할게요.

## 배송/정산 정보

　상품의 출고지와 반품/교환지의 주소 정보를 입력하는 화면이에요. 내 사업장의 주소지로 자동 입력되는 항목이기 때문에, 사업자등록증 상의 주소지와 실제 출고지가 같다면 별도로 입력하지 않아도 됩니다. 이 부분 역시 언제든지 변경 가능하고, 등록하는 상품별로 각각 지정도 가능하니 우선은 그대로 두겠습니다. 나중에 출고지나 반품/교환지가 다른 경우 수정을 하면 되거든요. 정산 정보는 정산을 받을 대표자명의의 계좌 정보를 입력하고 인증하면 됩니다.

## 담당자 정보

스마트스토어 담당자 정보를 확인합니다. 임의로 수정할 수 없으며, 실제로 운영할 담당자가 따로 있다면 스마트스토어 개설 이후 '매니저 관리'를 통해 주매니저 혹은 부매니저를 추가할 수 있어요. 우선은 대표자의 휴대전화 번호와 이메일 주소가 정상적으로 입력되었는지 확인만 하고 넘어가면 됩니다.

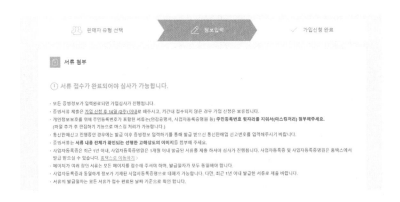

**서류 첨부**

이제 마지막이에요. 사업자등록증 사본과 사업자등록증명원 사본을 첨부하면 모든 가입 절차가 완료됩니다.

**가입 완료**

스마트스토어 사업자 회원 가입 신청이 완료되었습니다. '스마트스토어센터 가기' 버튼을 누르면 이제 내 스토어를 관리할 수 있는 메인 화면으로 이동할 수 있습니다. 물론 가입 승인이 되어야 정상적으로 모든 메뉴를 이용할 수 있지만요. 가입 승인은 보통 1~2일 정도 걸리는 편입니다.

**스마트스토어센터 메인화면**

축하드립니다. 이제 여러분은 공식적으로 스마트스토어 온라인 셀러가 되었습니다!

# 4. 경쟁력 있는 스토어 세팅하기

아직 제품은 없지만, 내 스토어가 생긴 기념으로 현시점에서 할 수 있는 기본적인 스토어 세팅 몇 가지를 알려드리려고 해요. 브랜딩에 있어서 아주 기초적인 부분이라고 생각해도 될 듯합니다. 스마트스토어의 개수가 총 60만 개를 넘어섰다고 이야기한 적이 있습니다. 이 중에서 운영하지 않는 스토어들도 많고요. 그런데 판매를 하다가 폐업을 하고 그만두지 않은 스토어들도 많기 때문에, 구매자 입장에서는 판매하는 스토어로 보이기도 하죠.

주문을 했는데 판매자가 제품을 보내지도 않고 답도 없는 경우를 간혹 경험해보셨을지도 모르겠네요. 아마 경험했다면 이런 케이스일 거예요. 그래서 구매자들도 눈치가 생겼는지 기본 상태의 스토어에서는 의심을 하기도 하거든요. 그래서 어느 정도 스토어를 꾸며놓는 것이 활발하게 운영되는 스토어처럼 보일 수 있어요. 사소하지만 결코 그냥 넘길 수 없는 부분이기도 해요.

### ① 로고 만들기

스토어를 만들었으니 로고도 하나 있으면 좋겠죠? 로고를 만들어놓으면 내 스토어에 로고를 노출시킬 수 있어요. 브랜딩을 위해서는 로고가 필요합니다. 로고는 텍스트로 된 내 스토어명을 이미지 형태로 각인시켜주는 강력한 무기가 될 수 있어요. 이렇게 만든 로고는 추후 내 브랜드 제품을 만들 때도 넣을 수 있고, 명함이나 패키지를 만들 때도 다양하게 활용할 수 있거든요.

**스토어 로고 등록 화면**

로고가 있다면 '스마트스토어센터 > 스토어관리 > 스토어설정 > 기본정보 관리' 메뉴에서 등록할 수 있습니다. 우선 로고 사이즈는 최소 160x160px 이상의 사이즈이고, 권장하는 사이즈는 1300px 이상입니다. 가로세로 사이즈가 동일한 정사각형이나 원 형태의 로고가 좋습니다. 로고 등록을 하면 검수를 한 후에 문제가 없으면 1~2일 후에 승인이 됩니다.

만약 로고가 없다면, 간단히 로고를 만들어주는 사이트를 이용해보셔도 좋습니다. 미리캔버스나 캔바 같은 디자인 편집 사이트를 이용하셔도 되고, 요즘 유행하는 AI 사이트를 이용해서 만들어도 좋습니다. 모두 무료로 만들 수 있어요.

**♦ 무료 로고 제작 사이트**

a. 미리캔버스(https://www.miricanvas.com)

b. 캔바(https://www.canva.com/ko_kr)

c. WIX(https://ko.wix.com/logo/maker)

d. 로고메이커(https://logomaster.ai/ko)

e. Tailor Brands(https://www.tailorbrands.com)

**② 스토어 컬러 정하기**

"녹색 하면 떠오르는 브랜드가 있나요?"

"파란색 하면 떠오르는 회사가 있나요?"

컬러별 의미

컬러는 브랜딩에 있어서 가장 중요한 요소이기도 합니다. 그리고 소비자가 브랜드를 기억하기 가장 쉬운 방법이 컬러이기도 하고요. 그래서 내 스토어도 내 제품 콘셉트에 맞는 컬러를 선택하고, 구매자들에게 꾸준히 각인시키면 브랜딩하는 데 도움이 될 거예요.

◆ **컬러별 주요 키워드**

a. 레드: 열정, 식욕, 할인

b. 오렌지: 친근함, 창의성

c. 옐로우: 에너지, 행복, 재미

d. 그린: 자연, 건강, 성장

e. 블루: 신뢰, 안정, 견고함

f. 퍼플: 개성, 신비, 지혜

g. 블랙: 프리미엄, 명성

이렇게 각 컬러들이 어떤 이미지를 담고 있는지 생각해본 후에, 내 스토어의 브랜드 컬러를 정해보세요. 지금 정했다고 해서 끝까지 밀고 나가지 않아도 됩니다. 향후 제품의 콘셉트에 따라 달라질 수도 있어요. 그때 다시 변경해도 됩니다. 브랜딩은 하나의 방향으로 잡아가는 과정이 필요합니다.

스마트스토어센터 컬러 테마 설정 화면

스마트스토어센터에서 '스토어관리 > 스토어전시관리 > 스마트스
토어' 메뉴를 누르면, 내 스토어의 컬러 테마를 지정할 수 있는 화면이
나와요. 총 14가지의 컬러 중에서 원하는 컬러로 한번 선택해보세요.
선택 후 모바일과 PC버전 각각 미리보기로 어느 부분에 컬러가 적용
되는지도 확인이 가능해요.

### ③ 로고 형태로 스토어 이름 수정하기

내 스토어에 들어가 보면 가입할 때 정했던 스토어명이 그대로 적혀
있는 걸 볼 수 있는데요. (너무 안 예쁘죠….) 좀 더 예쁘게 이미지 형태로
만들어서 넣을 수 있습니다. 앞서 만들어놓은 로고와 스토어명을 결합
하여 가로 배너 사이즈로 제작하면, 스토어가 아주 돋보일 수 있어요.

스토어 이름 관리 화면

컬러 테마를 설정한 화면에서 '컴포넌트 관리' 메뉴를 누르면, 스토어 이름을 관리하는 화면이 나옵니다. 모바일 버전과 PC 버전 각각 로고 형태의 이미지로 변경할 수 있는데요. 모바일과 PC 각 권장 사이즈 기준이 다르긴 하나, 모두 포함될 수 있는 사이즈인 가로 80~400px, 세로 80~90px로 만들어놓으면 좋습니다.

마찬가지로 무료 이미지 편집 툴인 '미리캔버스'나 '캔바'를 이용해서 미리 만들어놓은 템플릿을 이용하거나 간단히 만들어주시면 되는데요. 변경 즉시 반영되기 때문에, 만들어보고 조금씩 수정하여 업그레이드해도 좋습니다.

# 03
# 목표가 없으면 절대 성공하지 못한다

5년 동안 온라인 셀러로 살아오면서 가장 힘들었던 부분은 '모든 것을 혼자' 해야 한다는 것이었어요. 내가 잘하고 있는 건지, 이 방향이 맞는 건지 알 수 없다는 것이 가장 두렵고 답답하고 힘들더라고요. 그래서 1인 셀러에게는 '목표 설정'이 정말로 중요합니다.

목표를 정한다는 것은 저 멀리 어떤 지점에 깃발을 꽂아놓는 것인데, 그동안 보이지 않고 막막했던 방향이 저 깃발로 인해 잡혀가더라고요. 혼자서 흔들리지 않고 묵묵히 달려갈 수 있게 만드는 힘이 바로 목표 설정입니다.

성공을 위해서 목표를 꼭 설정하세요. 목표는 달성 가능한 수준으로 설정하고, 짧은 시간 반복해서 목표 달성이라는 성취감을 계속 느끼다 보면 어느 순간 깃발 앞에 도착해 있을 거예요.

# 1. 스마트스토어 등급별 달성 조건

스마트스토어는 판매자의 등급이 6단계로 구분되어 있어요. 스마트 스토어에만 존재하는 굉장히 재미있는 시스템이라고 할 수 있는데요. 처음 스토어를 개설하면 '씨앗' 등급으로 시작하게 되고, 각 등급별 기준을 충족하게 되면 '새싹 → 파워 → 빅파워 → 프리미엄 → 플래티넘' 순으로 점점 등급이 올라가게 됩니다.

## 등급 산정 기준 안내

| 판매자 등급 | 굿 서비스 | 상품등록 한도 |
| --- | --- | --- |

판매자님의 거래 규모에 따라 구간별로 등급명이 표기 됩니다.
사용자들이 믿고 구매할 수 있도록 네이버 쇼핑 및 스마트스토어 판매자 정보 영역에 아이콘이 표기됩니다.

| 등급표기 | | 필수조건 | | |
| --- | --- | --- | --- | --- |
| 등급명 | 아이콘 노출 | 판매건수 | 판매금액 | 굿서비스 |
| 플래티넘 | 🏅 | 100,000건 이상 | 100억원 이상 | 조건 충족 |
| 프리미엄 | 🏅 | 2,000건 이상 | 6억원 이상 | 조건 충족 |
| 빅파워 | 🏅 | 500건 이상 | 4천만 이상 | - |
| 파워 | 🏅 | 300건 이상 | 800만원 이상 | - |
| 새싹 | - | 100건 이상 | 200만원 이상 | |
| 씨앗 | - | 100건 미만 | 200만원 미만 | |

- 산정 기준 : 최근 3개월 누적 데이터, 구매확정 기준(부정거래, 직권취소 및 배송비 제외)
- 등급 업데이트 주기 : 매월 2일 (예) 10월 등급 산정 기준 : 7월-9월 총 3개월 누적 데이터 (월:1일-말일)
- 플래티넘과 프리미엄은 거래규모 및 굿서비스 조건까지 충족시 부여되며, 굿서비스 조건 불충족시 빅파워로 부여
  됩니다
- 새싹 및 씨앗 등급은 네이버 쇼핑 및 스마트스토어 사이트에서도 등급명 및 아이콘이 노출되지 않습니다

**등급 산정 기준 안내**

  등급을 산정하는 기준은 최근 3개월간의 실적을 기준으로 하고, 매월 2일마다 새로운 등급을 부여받게 됩니다. 여기서 중요한 것은 실적 기준이 1개월이 아니라 최근 3개월간의 누적 실적이라는 것입니다. 예를 들어 2024년 10월 2일에 업데이트되는 스토어 등급은 2024년 7월부터 9월까지의 실적을 기준으로 적용됩니다. 우리가 가장 먼저 달성할 수 있는 등급은 씨앗 다음 등급인 '새싹'으로, 100건 이상의 판매 건수와 200만 원 이상의 판매 금액을 달성하면 새싹으로 올라갈 수 있어요.

  이렇게 스토어 등급을 기준으로 단기적인 목표를 세우면 스토어를 키워가는 데 큰 도움이 됩니다. 막연하게 '열심히 해야지!'라고 하는 것보다, 구체적인 수치를 기준으로 목표를 세우고 달성하도록 노력한다면 좀 더 빠르게 목표를 이룰 수 있지 않을까요?

## 2. 목표를 세워야 하는 이유?

스마트스토어를 시작하시는 분들은 대부분 1인 사업자로 시작하게 됩니다. 혼자서도 충분히 할 수 있다는 것을 의미하지만, 한편으로는 혼자서 모든 것을 해내야 한다는 것을 의미하기도 합니다. 그리고 혼자서 일을 한다는 것은, 직접 해보면 솔직히 쉽지 않은 일이기도 합니다. 그 이유는 1인 사업자의 대표로서 모든 것을 결정하고 책임지며 운영하게 되는데, 내가 잘하든 못하든 아무도 뭐라고 하는 사람이 없기 때문입니다.

처음부터 매출이 잘 나오고 생각만큼 혹은 그 이상 잘 되는 경우에는 큰 문제가 없을 수 있지만, 대부분 혼자서 벽에 부딪혀 시작하게 되는데, 이때 혼자만의 힘으로 힘든 시기를 이겨내야 합니다. 오로지 내 의지로 모든 것을 이겨내야 하는데, 누가 시켜서 한 것도 아니고 이 일을 하루 이틀 빼먹거나 신경 쓰지 않는다고 해서 달라지는 것도 없습니다. 점점 의지가 줄어들거나 다른 일이나 상황에 우선순위가 밀리게 될 수 있습니다. 이것을 다잡아줄 수 있는 것이 바로 '목표'입니다.

목표를 세우면, 희미하지만 저 멀리 빛이 보이기 때문에 스스로를 다독이며 조금 더 힘을 내서 내가 원하는 결과를 얻기 위해 달려갈 수 있다고 생각합니다. 당장이라도 달성 가능한 현실적인 목표를 세워서 조금씩 성취하는 습관을 경험해보세요. 훨씬 일이 즐거워질 수 있습니다.

# 3. 1년 / 1개월 / 1일 목표 세우기

목표를 세울 때는 먼저 1년 단위의 큰 목표를 정해보는 것이 좋아요. 목표는 구체적인 숫자를 정하는 것이 좋은데, '매출'이나 '순이익'을 기준으로 정하는 것이 일반적입니다. 매출을 기준으로 목표를 정했다고 하면, 등급을 참고해보는 것도 좋습니다. 예를 들어 '파워' 등급 달성과 유지를 목표로 한다면, 3개월에 800만 원 기준이므로 1년으로 환산하면 3,200만 원이 연 매출 목표가 될 거예요. 여기에 +@로 조금 더 노력할 수 있도록 4,000만 원 정도로 잡는다면, 좀 더 열심히 할 수 있는 환경이 될 거라 생각합니다.

혹은 '빅파워' 등급 달성과 유지를 목표로 한다면, 3개월에 4,000만 원 기준이므로 연 매출 목표는 1억 6,000만 원이 됩니다. 여기에 조금 더 높여 2억 원 정도로 해보시는 건 어떨까요? 이렇게 목표는 항상 현실 가능한 숫자를 기반으로 +@를 해주면 좋습니다. 마치, 헬스장에서 운동할 때 마지막 하나 더!를 외치는 것처럼요.

이렇게 1년의 목표를 세웠다면, 이제 이 목표를 좀 더 구체화해야 합니다. '파워' 등급 달성 기준으로 세웠던 연 매출 4,000만 원의 목표를 달성하기 위해서는 매월 333만 원 이상의 매출을 올려야 합니다. 1년의 목표는 커 보이지만 매월 333만 원의 매출을 꾸준히 달성한다면 가능한 숫자입니다. 그럼 조금 더 구체화 시켜 볼까요?

월매출 333만 원을 하루 단위로 쪼개보겠습니다. 매일 11만 원 이상의 매출을 꾸준히 올리면, 월 매출 333만 원과 연 매출 4,000만 원을 달성할 수 있습니다. 이제 월매출과 연 매출의 숫자는 생각하지 말고 매일 '11만 원'이라는 숫자만 기억하면 됩니다. 어쩌면 이제 이 숫자에 집착을 해야 합니다. 매일 11만 원의 매출을 올리기만 하면 되는 거죠.

◆ 매출 목표 쪼개기 전략

a. 연 매출 목표: 4,000만 원

b. 월 매출 목표: 333만 원

c. 일 매출 목표: 11만 원

그럼 11만 원의 매출을 올리기 위해서는 어떻게 해야 할까요? 내가 판매가 1만 원짜리 상품을 판매한다면, 매일 11개 이상을 판매해야 합니다. 혹은 판매가 2만 원짜리 상품을 판매한다면 매일 5~6개 정도를 판매해야 합니다. 혹은 5만 원 이상의 상품을 판매한다면 매일 2개 정도만 판매를 하면 달성 가능한 목표입니다.

목표는 이렇게 내가 어떤 상품을 판매하고 얼마짜리 상품을 판매해야 하는지에도 영향을 미치게 됩니다. 그만큼 목표를 세우는 것은 중요합니다. 갑자기 목표 숫자가 너무 커 보이거나 걱정되시나요? 너무 걱정하지 않으셔도 됩니다. 이제부터 '파워' 등급을 넘어 '빅파워' 등급까지 갈 수 있는 모든 노하우들을 본격적으로 알려드릴 테니까요.

# Part
# 3

# 잘 팔리는 아이템
# 찾기

잘 팔릴 만한 아이템 키워드를 찾았다고 해도,

구체적으로 어떤 상품을 소싱해야 하는지 어려울 수 있어요.

기성품을 사입해서 팔아야 할지, 새로 만들어서 팔아야 할지도 고민이죠.

도매처나 공장이 한국에 있는지, 중국에 있는지도 모르겠죠.

결론은 '아이템마다 상황에 따라 전부 다르다'라고 답을 드리고 싶어요.

입고까지의 리드타임, 최소 주문 수량에 따른 자금 현황, 위탁 상품인 경우

마진율 등을 전부 고려하면서 최적의 소싱 방법과 도매처를 찾는 것이 중요하거든요.

# 01
# 스마트스토어는 키워드만 알면 된다!

'스마트스토어는 키워드로 시작해서 키워드로 끝난다!'라는 말이 있습니다. 그만큼 키워드라는 것이 중요하다는 것이죠. 그 이유는 스마트스토어에서 구매하는 패턴을 생각해보면 쉽게 알 수 있습니다.

스마트스토어는 네이버 포털사이트를 기반으로 하는 쇼핑몰입니다. 그래서 대부분 초록색 검색창에서 어떤 '단어'를 검색해서 상품을 찾게 되는데요. 검색했을 때 내 제품이 노출되어야 구매자에게 선택받을 기회가 생기게 되는 거죠. 반대로 노출되지 않는다면, 아무도 내 제품이 있다는 사실조차 모를 수도 있습니다.

결국 키워드 싸움입니다. 구매자들이 검색할 만한 다양한 키워드를 배치하여 내 제품이 많이 검색될수록 경쟁에서 유리하게 됩니다. 그럼 이제 키워드를 마스터하러 가볼까요?

# 1. 키워드에 대한 이해

소비자들이 검색하는 단어를 '키워드'라고 합니다. 키워드는 이렇게 '단어' 하나일 수도 있고, '단어+단어'가 결합된 형태일 수도 있습니다. 예를 들면, 우리가 강남에서 저녁을 먹으려고 맛집을 찾을 때 '강남 맛집'이라는 키워드로 검색할 거예요. 혹은 좀 더 구체적으로 '강남 회식 맛집'이라는 키워드로 검색할 수도 있겠죠. 이렇게 '강남'과 '회식'이라는 키워드가 결합되어 새로운 키워드를 만들어 내기도 합니다.

결론은, 다양한 키워드로 검색했을 때 내 제품이 노출되면 될수록 매출을 올릴 수 있는 기회가 높아지게 됩니다. 이러한 키워드를 얼마나 많이 찾아내고 적용하느냐가 스마트스토어에서 가장 중요한 이유입니다. 키워드를 사냥해보세요.

판매자의 입장에서는 새로운 제품을 소싱할 때부터 키워드를 유심히 살펴봐야 합니다. 키워드를 몇 가지나 사용할 수 있는지? 키워드의 조회수(=검색수)는 얼마나 나오는지? 등을 확인해보면, 이 제품이 얼마나 잘 팔릴 수 있을지도 가늠해볼 수 있습니다.

## 2. 키워드의 종류와 구분

키워드는 크게 '메인 키워드'와 '서브 키워드'로 구분할 수 있어요. 메인 키워드는 이 상품을 나타내는 대표적인 키워드라고 할 수 있고요. 다양한 수식어나 상품의 특징/종류와 결합되어 사용되는 키워드를 서브 키워드라고 합니다.

예를 들어 '떡볶이'라는 상품의 대표 키워드는 '떡볶이'이며, 서브 키워드는 '짜장떡볶이', '마라떡볶이', '쌀떡볶이', '국물떡볶이' 등이 될 수 있어요.

### ✦ 키워드의 종류

a. 메인 키워드 = 대표 키워드 = 핵심 키워드

b. 서브 키워드 = 세부 키워드 = 롱테일 키워드

메인 키워드는 이 상품을 검색할 때 가장 많이 사용되는 키워드이기 때문에, 조회수를 기준으로 보면 서브 키워드보다 일반적으로 높습니다. 그리고 메인 키워드는 대표 키워드라고 부르기도 하고 핵심 키워드라고도 합니다. 모두 같은 의미로 이해하면 됩니다.

서브 키워드는 메인 키워드보다 조회수가 낮긴 하지만, 수많은 키워드가 존재할 수 있습니다. 세부 키워드 또는 롱테일 키워드라고도 합니다.

♦ **조회수에 따른 구분**

a. 초대형 키워드: 조회수 100,000회 이상

b. 대형 키워드: 조회수 50,000~100,000회

c. 중형 키워드: 조회수 5,000~50,000회

d. 소형 키워드: 조회수 1,000~5,000회

e. 초소형 키워드: 1,000회 이하

키워드는 조회수에 따라서도 구분할 수 있어요. 조회수의 기준은 네이버 검색창에 검색하는 횟수를 의미하고, 보통 한 달 동안 검색한 숫자를 합친 횟수예요. 앞으로 이야기하는 조회수는 한 달 기준으로 얼마나 조회를 많이 하는지를 나타낸다고 이해하시면 좋습니다.

조회수는 상품에 따라서 편차가 매우 큰 편입니다. 요즘 굉장히 핫한 건강기능식품 시장, 그중에서 '글루타치온' 같은 상품의 키워드는 조회수가 약 30만 회 정도로 '초대형 키워드'라고 할 수 있고요. 초대형 키워드처럼 조회수가 높다는 것은 그만큼 소비자의 관심이 많다는 것이고, 시장 규모가 크다고 볼 수 있어요. 그렇기 때문에 판매하는 상품도 많고 경쟁이 치열할 수밖에 없겠죠.

'대형 키워드 → 중형 키워드 → 소형 키워드'로 갈수록 점점 시장 규모와 경쟁 강도는 약해진다고 볼 수 있습니다. 반대로 '카멜리나오일'과 같은 조회수가 1,000 이하의 '초소형 키워드'의 경우, 굉장히 작은

시장 규모를 가진 상품이거나 대부분 서브 키워드라고 생각하시면 좋아요.

그렇기 때문에 메인 키워드를 기준으로 초대형 키워드나 초소형 키워드에 속하는 상품은 아무래도 피하는 것이 좋습니다. 처음 시작하는 온라인 셀러라면 '중형 키워드'에 속한 상품을 선택하는 것을 추천합니다. 이 정도면 충분히 경쟁에서 우위를 점하면서 매출을 낼 수 있는 규모의 키워드예요.

# 3. 키워드와 상품 카테고리

이제 키워드에 대해서 어느 정도 이해가 되었나요? 그럼 중요한 내용을 하나 더 알려드릴게요.

키워드는 내 제품과 연관이 된다고 해서 모두 사용할 수는 없어요. 갑자기 무슨 말이냐고요? 스마트스토어는 키워드와 상품 카테고리가 아주 밀접한 관계를 가지고 있습니다.

쉽게 말하면, '상품을 등록한 카테고리에 따라 사용할 수 있는 키워드가 정해져 있다!'고 할 수 있는데요. 예를 들어, '떡볶이'는 상품을 '식품 > 냉동/간편조리식품 > 떡볶이' 카테고리에 등록합니다. 그러면 '떡볶이', '짜장떡볶이' 등으로 검색하면 내 상품이 조회가 되지만, '옛날떡볶이', '떡볶이소스' 등으로 검색하면 절대 내 상품이 검색되지 않습니다.

쇼핑검색에서 떡볶이 조회 화면

쇼핑검색에서 옛날떡볶이 조회 화면

실제로 네이버 쇼핑 검색 화면에서 '떡볶이'로 검색하면, '떡볶이' 카테고리의 상품들만 조회되는 것을 볼 수 있어요. 그리고 '옛날떡볶이'로 검색하면 '간식/디저트' 카테고리의 상품들만 조회될 거예요. 이렇게 구분되어 있는 것은 스마트스토어에서 카테고리와 키워드를 '매칭'해놓았기 때문입니다. 따라서 내가 등록한 상품의 카테고리에 매칭이 되는 키워드만 수집해서 사용해야 합니다. 다른 카테고리에 매칭되는 키워드는 어차피 검색해도 내 상품이 노출되지 않기 때문에 굳이 사용할 필요가 없습니다.

스마트스토어의 상품 등록은 철저히 키워드를 중심으로 생각해야 합니다. 키워드를 잘 활용하는 것이 결국 내 상품의 노출 횟수를 결정짓는 요소이고, 이는 매출과 직접적으로 연결되기 때문입니다.

그럼 내 상품에 맞는 카테고리와 키워드는 어떻게 알고 선택할까? 라는 질문을 할 수 있는데요. 곧 설명드릴게요.

# 4. 매출이 나오는 키워드는?

그럼 이제 어떤 키워드를 사용해야 매출이 잘 나오는지 한번 이야기
해볼게요. 대부분은 조회수가 높은 메인 키워드에서 많은 매출이 나온
다고 생각합니다. 맞는 말이긴 하지만, 전환율을 생각하면 그렇게 높
다고만은 할 수 없는데요.

스마트스토어에서 메인 키워드는 대략 구매전환율이 3~5% 정도라
고 생각하시면 됩니다. 즉, 메인 키워드로 검색해서 내 상품을 본 소비
자 중에 3~5명 정도만 실제로 구매를 한다는 것이죠. 그 이유는 여러
가지가 있을 수 있는데, 보통 메인 키워드는 이 상품군을 잘 모르는 소
비자들이 대략 둘러보려고 여러 상품을 방문(구경)하기 때문일 수 있어
요. 그리고 메인 키워드는 너무 포괄적이기 때문에 검색되는 상품의
종류도 굉장히 다양할 수 있어 직접적으로 구매를 하는 키워드가 아닌
경우도 많거든요.

메인·서브·구매전환 연관도

이러한 이유로 실제로는 서브 키워드에서 높은 구매전환율을 보이기도 해요. 아무래도 소비자가 찾으려는 구체적인 상품의 정보나 특징들을 담고 있기 때문인데요. 예를 들어, 실제 구매하려는 목적으로 검색하는 사람들은, 대표 키워드인 '떡볶이'보다는 내가 먹고 싶은 '마라떡볶이'나 특정 브랜드의 'OO떡볶이'를 검색하는 경향이 큽니다.

여기서 중요한 것은 떡볶이를 먼저 검색해보고 여러 종류의 떡볶이가 나오면, 그중에서 내가 먹고 싶은 OO떡볶이를 다시 검색해보는 패턴을 보인다는 것입니다. 따라서 메인 키워드와 연관되는 서브 키워드는 상당히 중요하고, 실제로 매출이 나오는 아주 중요한 키워드라고 이야기할 수 있어요.

# 02
# 따라 하다 보면 찾게 되는
# 아이템 소싱 5단계 전략

처음 시작하면서 가장 고민하는 부분이 바로 아이템 소싱이라는 것을 너무나 잘 알고 있어요. 사실 판매할 상품이 없어서 고민이라기보다는, 너무 많아서 그중에서 어떤 상품을 판매해야 하는지 방향이 잡히지 않는 게 더 크죠. 그리고 '과연 이게 팔릴까?'라는 고민도 있다는 사실도 잘 알고 있습니다.

그래서 이제 알려드리는 5단계 방식을 통해, 따라 하다 보면 저절로 판매할 아이템을 찾을 수 있도록 만들어드리려고 합니다.

# 1. 1단계 : 카테고리 / 타깃 정하기

스마트스토어 상품 카테고리 화면

판매할 상품을 찾기 위해서는 우선 카테고리부터 정하는 것이 좋아요. 무조건 한 가지 카테고리에서만 판매해야 하는 것은 아니지만, 구체적으로 내가 판매할 아이템을 소싱하기 위해서는 점진적으로 범위를 좁혀나가는 것이 필요합니다.

가장 많이 판매되는 카테고리는 '식품', '패션잡화', '화장품/미용', '생활건강' 정도예요. 정말 어떤 걸 판매해야 할지 모르겠다면, 이 중에서 먼저 선택해보시는 것도 좋습니다. 중요한 것은 점점 범위를 좁혀가고 판매할 상품을 구체화해야 한다는 것입니다.

**특정 콘셉트의 스마트스토어 예시**

만약 판매하고 싶은 상품이 여러 가지라면, 무조건 카테고리 기준으로 나눌 필요는 없습니다.

특정 콘셉트를 기준으로 내 스토어를 운영하셔도 좋아요. 예를 들어, 연령대를 기준으로 '30대 여성을 위한 뷰티/건강 스토어'라는 콘셉트를 가지고, 다양한 카테고리의 상품을 함께 판매해도 괜찮아요.

혹은 '제주도에서 직접 배송하는 제주마켓'이라는 콘셉트로 제주도를 하나로 묶어서 다양한 상품을 판매해도 좋겠어요. 요즘에는 '유튜브/인스타에서 유행하는 인기템' 콘셉트로 어떤 시즌이나 유행을 타는 상품들만 판매하는 콘셉트의 스토어들도 있습니다.

이렇게 연령, 성별, 지역, 시즌성, 유행성을 콘셉트로 하는 스토어도 한번 고려해보세요.

## 2. 2단계 : 나만의 기준 정하기

콘셉트를 정했다면, 이제 나만의 기준을 정해야 하는데요. 기준을 정하는 이유는 소싱할 상품을 구체화하는 과정이며, 정확한 기준을 세우는 것은 리스크를 줄이기 위한 방법이라고 생각하면 좋습니다.

**나만의 기준 항목들**

이러한 기준을 세울 때 제가 가장 중요하게 생각하는 항목이 '원가율'입니다. 상품을 판매하는 목적은 이익을 올리기 위한 것이 첫 번째입니다. 대략 시장가가 정해진 범위 내에서 판매가를 정해야 한다고 하면, 결국 원가율이 낮으면 낮을수록 많은 이익을 올릴 수 있습니다. 따라서 원가율은 반드시 세워야 하는 기준 중에 하나예요.

다음으로 중요한 기준은 '재구매' 또는 '대량구매'입니다. 많은 재고를 사입해서 판매하는 방식으로 운영한다고 하면, 반드시 재구매나 대량구매가 가능한 상품이어야 합니다. 재고 리스크는 감당할 수밖에 없지만, 계속해서 재구매가 일어나거나 한 번에 대량으로 판매가 가능하다고 하면 그 리스크는 현저히 줄어들 수 있겠죠.

식품 카테고리 등에서는 '소비기한'도 중요한 항목일 수 있어요. 소비기한이 1년이라고 하면, 보통 3개월 정도 남은 상품은 잘 구매하지 않기 때문에 판매할 수 있는 기간은 9개월 정도일 거예요. 하지만 바로 생산한 제품이라면 최대 9개월 정도지만 이미 생산해놓은 재고를 사입하는 경우, 또는 수입하는 경우 1~2개월 정도 걸리기 때문에 판매할 수 있는 기간은 훨씬 줄어들 수 있습니다. 이 부분도 반드시 고려해야 합니다.

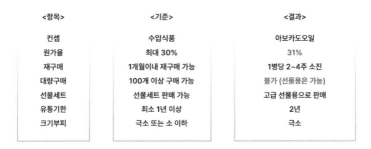

| <항목> | <기준> | <결과> |
|---|---|---|
| 컨셉 | 수입식품 | 아보카도오일 |
| 원가율 | 최대 30% | 31% |
| 재구매 | 1개월이내 재구매 가능 | 1병당 2~4주 소진 |
| 대량구매 | 100개 이상 구매 가능 | 불가 (선물용은 가능) |
| 선물세트 | 선물세트 판매 가능 | 고급 선물용으로 판매 |
| 유통기한 | 최소 1년 이상 | 2년 |
| 크기부피 | 극소 또는 소 이하 | 극소 |

**나만의 기준 예시**

꼼꼼하게 나만의 기준을 세워서 기준에 통과하는 상품인지 꼭 확인하셔야 합니다. 조급함에 기준에 맞지 않는 상품을 소싱한다면, 그만큼 잘 팔 수 있는 확률은 낮아지게 되고 리스크는 커지게 됩니다.

# 3. 3단계 : 키워드도구를 활용하여 아이템 찾기

    콘셉트를 정하고 나만의 기준도 만들었다면, 이제 조금 더 구체적으로 아이템 소싱에 다가가도록 할게요. 앞서 잠깐 언급한 키워드 도구 사이트를 이용하시면 좀 더 편하게 찾을 수 있습니다. 대부분 온라인 셀러들은 '아이템스카우트', '판다랭크', '셀링하니' 등과 같은 사이트를 이용하는데요. 여기서는 무료로 이용 가능한 사이트 중에서 기능이 괜찮은 '판다랭크(https://www.pandarank.net)'라는 사이트를 기준으로 설명드릴게요.

판다랭크 메인화면

'셀러 > 키워드 찾기' 메뉴를 보면 카테고리별 검색을 통해 내가 찾고자 하는 상품의 키워드 정보를 확인할 수 있어요. 각 키워드마다 경쟁률, 쇼핑 전환, 광고비, 월 검색량, 상품량, 평균가 등의 데이터를 확인할 수 있습니다.

여기서 우리가 우선 봐야 할 항목은 '월 검색량(=조회수)'입니다. 앞서 이야기한 것처럼 초보 셀러에게 적합한 중형 키워드(5,000~50,000회)를 중심으로 찾아볼게요. 필터를 눌러서 검색량 5,000~50,000 범위를 적용해주면 됩니다.

| 키워드 분석 | **키워드 찾기** | 판다 AI | 상품 분석 | 상품 순위 |
| --- | --- | --- | --- | --- |

**카테고리별 검색** 오늘의 키워드

| ≡ 카테고리 | 키워드/상품명을 입력해보세요. | | | | | Q 검색 |
| --- | --- | --- | --- | --- | --- | --- |

**쇼핑 카테고리** · 생활/건강 ▾ · 전체 ▾
2024년 09월 28일 기준

🔥 황금키워드 ⌄   🔲 브랜드          ⇕ 필터   📊 엑셀 다운로드

| 키워드 | 경쟁률 ⇕ | 쇼핑전환 ⇕ | 광고비 ⇕ | 월 검색량 ⇕ | 상품량 ⇕ | 평균가 ⇕ |
| --- | --- | --- | --- | --- | --- | --- |
| 전자담배 | 0.38 최적 | 0.99 나쁨 | 70 최적 | 249,600 | 97,341 | 63,390 |
| 릴하이브리드3.0 | 0 최적 | 1.8 보통 | 80 최적 | 191,000 | 720 | 84,000 |
| 전자담배액상 | 0.09 최적 | 0.79 나쁨 | 70 최적 | 143,200 | 13,246 | 13,880 |
| 예초기 | 11.22 좋음 | 3.26 최적 | 1,830 나쁨 | 126,900 | 1,424,301 | 189,660 |
| 콜게이트일회용칫솔 | 0 최적 | 2.8 좋음 | 70 최적 | 122,660 | 697 | 18,450 |
| 식기건조대 | 10.62 좋음 | 3.78 최적 | 720 좋음 | 78,900 | 838,268 | 71,090 |
| 빨래건조대 | 9.81 좋음 | 2.74 좋음 | 540 최적 | 74,800 | 734,286 | 32,190 |
| 혈당측정기 | 0.73 최적 | 2.29 좋음 | 880 좋음 | 74,490 | 54,742 | 68,170 |
| 종아리마사지기 | 1.54 최적 | 2.66 좋음 | 1,670 나쁨 | 72,250 | 111,450 | 149,530 |
| 발라리안맥스 | 0.01 최적 | 3.78 최적 | 470 최적 | 61,720 | 877 | 43,870 |

**키워드 찾기 필터 적용 화면**

여기에 추가로 '황금 키워드' 아이콘을 누르면, 판다랭크 자체적으로 경쟁률과 쇼핑 전환 등의 항목들을 고려하여 경쟁에서 유리한 키워드를 추려주는데요. 우리는 이 중에서 판매할 아이템의 키워드를 찾아보면 됩니다. 예를 들어 지금 검색한 화면에서는 '샤워기 필터'와 '강아지 우비' 등의 키워드들이 제 눈에 들어오네요.

처음 이런 키워드들을 보면 낯설기도 하고 익숙하지 않을 수 있지만, 꾸준히 검색하다 보면 점점 눈에 들어오는 키워드들이 생기고 구체적으로 어떤 상품인지 그려질 거예요. 혹시라도 이 방법이 어려우신 분들은, 실제로 현재 잘 팔리고 있는 상품을 기준으로 찾아보셔도 좋습니다.

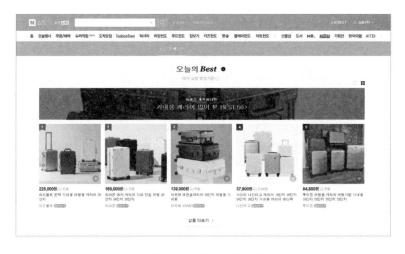

네이버 쇼핑 '카테고리 BEST' 화면

네이버 쇼핑 탭에 접속 후 우측 상단 '쇼핑 BEST'를 누르면, 현재 잘 팔리고 있는 상품의 정보를 확인할 수 있어요. 여기서 저는 '카테고리' 메뉴에 접속해서 주로 보는 편이고요. 각 세부 카테고리별로 많이 조회한 상품과 많이 구매한 상품, 그리고 베스트 키워드의 정보를 확인할 수 있습니다.

　이렇게 아이템을 찾아보면 조금 더 구체적이고 직관적으로 상품을 중심으로 찾을 수 있는 장점이 있습니다. 여기서 관심 있는 아이템이 있다면, 해당 키워드를 판다랭크에서 다시 검색해보시면 좋습니다.

# 4. 4단계 : 팔리는 아이템인지 검증하기

아이템을 소싱할 때 가장 큰 고민은 '과연 이게 정말 팔릴까?' 하는 점인 것 같아요. 아이템 소싱 4단계는 내가 잘 팔 수 있는 아이템인지 데이터를 통해 검증하는 단계입니다.

배가 고파서 식당을 찾고 있는데, 아무도 없는 텅 빈 매장을 보면 '맛 있는 집이 아닌가?'라는 생각이 들 수 있어요. 반면에 북적북적 사람들이 꽉 차 있는 매장을 보면 '적어도 맛이 없지는 않겠구나!'라는 생각을 할 수 있습니다. 이처럼 내가 소싱하려고 하는 아이템이 얼마나 많은 경쟁자들이 팔고 있는지, TOP 판매자들은 얼마나 많은 매출을 올리고 있는지를 점검해봐야 합니다.

이 아이템은 이 정도의 시장 규모를 가지고 있고, 이 정도면 나도 팔수 있겠구나! 라는 확신 혹은 자신감을 얻으셔야 합니다. 판매자가 확신하지 못하는 상품은 절대 팔리지 않습니다.

**판다랭크 키워드 검색 화면**

판다랭크에서 키워드 찾기에서 검색했던 '샤워기 필터'를 예시로 분석해볼게요.

키워드 분석 창에 샤워기 필터를 입력하고 분석을 누르면 다양한 분석 정보들이 나오죠. 여기서 가장 먼저 봐야 할 항목은 '월 검색량'과 '시장 규모'입니다.

샤워기 필터의 조회수는 38,900회로 중형 키워드에 속하네요. 그리고 6개월 시장 규모는 약 11억 정도예요. 이 두 가지 항목이 중요한 이유는 어느 정도 시장 규모가 있는지를 보면서 조회수에 따른 경쟁률을 예상해보기 위해서입니다.

보통 상품 1가지로 빅파워 등급(3개월 누적 매출 4,000만 원 이상)이 되기 위해서는, 중형 혹은 대형 키워드와 연간 시장 규모 10억 이상이면 충분히 가능합니다. 따라서 이 샤워기 필터는 충분한 가능성을 가지고 있는 아이템이라고 할 수 있어요.

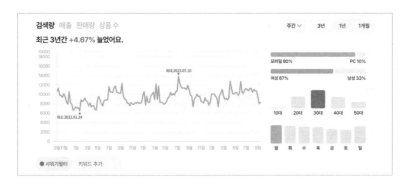

**3년간 검색량 그래프**

그다음으로 봐야 할 항목은 3년간의 검색량 그래프예요. 이 그래프를 보면서 3년간의 추이와 패턴을 분석해봐야 합니다. 3년 전에 비해 꾸준히 검색량이 늘고 있는 우상향의 그래프가 가장 좋으며, 검색량이 꾸준히 유지되는 그래프도 나쁘지는 않습니다.

다만, 검색량이 점점 줄어들고 있다면 이런 아이템은 피하시는 게 좋습니다. 그리고 낙타 등처럼 주기적으로 굴곡이 있는 그래프라면, 시즌성 아이템이기 때문에 검색량이 올라오기 전에 미리 준비를 하는 것이 필요합니다.

샤워기 필터는 2022년 1월 24일에 검색량이 가장 낮았으며, 이후 점점 상승하고 있는 패턴을 보이기 때문에 괜찮은 아이템으로 판단할 수 있습니다.

**네이버 TOP 80 상품**

마지막으로 실제로 잘 팔리고 있는 상위 판매자들의 판매량을 분석해봐야 합니다. 판다랭크 화면 중간쯤에 '네이버 TOP 80'이라는 항목이 있어요. 여기에 필터를 '6개월 판매량 순'으로 정렬합니다.

우리가 이 제품을 잘 팔기 위해서는 매일 1개 이상씩 판매하는 것이 중요해요. 6개월을 기준으로 한다면, 총 180개 이상을 판매해야 하는데요. 그럼 6개월에 180개 이상을 판매하는 경쟁업체가 몇 군데인지 확인해야 합니다.

샤워기 필터의 경우 21개의 경쟁업체가 매일 평균 1개 이상씩 판매하는 것으로 나오네요. 여기서 포인트는 잘 파는 경쟁업체들이 많아야 시장에 뛰어들기 유리하다는 것입니다. 후발주자로서 이 시장에 뛰어든다고 하면, 1~2개 업체가 독점하고 있는 시장보다는 여러 업체의 상품이 골고루 판매되는 시장이 좀 더 크고 경쟁력이 있지 않을까요? 가능하면 30~40여 개의 업체가 매일 1개 이상씩 판매하고 있으면 좋다고 생각하고 있어요.

샤워기 필터의 경우 아주 좋은 건 아니지만, 괜찮은 수준인 것 같습니다.

이렇게 다양한 검증을 통해서 이 제품이 잘 팔릴지 알아보고 확신을 얻은 다음에 소싱해야 해요. 조회수만 높거나, 시장 규모만 크거나, 한두 가지 지표만 보고 대량으로 사입하면 생각보다 팔리지 않아 고생할 수 있거든요. 꼭 나만의 기준을 만들어서 판매해야 합니다.

# 5. 5단계 : 공급처 찾기

　키워드를 통해 아이템을 찾고 검증까지 마쳤다면, 이제 실제 상품을 소싱해서 판매해야겠죠. 상품을 소싱하는 방법에는 '위탁판매 방식'과 '사입판매 방식'으로 나눌 수 있습니다. 앞서 이야기한 것처럼 먼저 위탁이냐, 사입이냐를 정하지 말고, 아이템에 따라서 최적의 소싱 방법을 선택하는 것이 좋습니다. 판매할 아이템을 찾는 방법은 다음 장에서 구체적으로 설명해드릴게요.

# 03

# 내 아이템은 어디서 찾지?
# 도매처를 찾는 5가지 루트

샤워기 필터와 같은 잘 팔릴 만한 아이템 키워드를 찾았다고 해도, 구체적으로 샤워기 필터 중에서 어떤 상품을 소싱해야 하는지 어려울 수 있어요. 기성품을 사입해서 팔아야 할지, 새로 만들어서 팔아야 할지도 고민이죠. 그리고 도매처나 공장이 한국에 있는지, 중국에 있는지도 모르겠죠.

결론은 '아이템마다 상황에 따라 전부 다르다'라고 답을 드리고 싶어요. 입고까지의 리드타임, 최소 주문 수량에 따른 자금 현황, 위탁 상품인 경우 마진율 등을 전부 고려하면서 최적의 소싱 방법과 도매처를 찾는 것이 중요하거든요.

그럼 제 노하우를 바탕으로 도매처를 찾는 5가지 루트를 모두 알려드릴게요.

# 1. 위탁/도매 사이트에서 아이템 소싱하기

온라인 판매에 관심이 있으신 분들은 '도매매'나 '도매꾹'이라는 이름을 한 번쯤은 들어보셨을지도 모릅니다. 이는 대표적인 국내 도매 사입(도매꾹)과 위탁판매(도매매) 플랫폼 사이트죠.

2019~2020년 당시 스마트스토어 위탁판매 붐이 일어났을 때, 도매매 플랫폼에서 아이템을 소싱해 내 스마트스토어에 업로드하여 판매하는 방식이 굉장히 인기를 끌었습니다. 이후 굉장히 많은 도매/위탁 사이트가 생겨났고, 지금은 약 1,000여 개 이상 셀 수 없을 정도로 많은 플랫폼이 생겼다가 문을 닫기도 하고, 새로 생기기도 하고 있습니다.

여기서는 수많은 위탁/도매 플랫폼 중에서 가장 대표적인 도매매를 기준으로 설명드릴게요.

도매매 사이트 메인화면

아이템을 소싱하는 가장 쉽고 빠른 방법은 바로 위탁/도매 사이트를 통해 찾는 것입니다. 이러한 플랫폼은 '무재고', '무사입' 배송대행 서비스라고 부르기도 하며, 제품뿐만 아니라 이미 제작해놓은 상세페이지와 썸네일용 대표 이미지를 제공해주기 때문에, 빠르게 상품을 등록하고 판매를 시작할 수 있다는 장점이 있어요.

특히 도매매는 종합몰로서 식품, 패션, 생활용품, 인테리어 소품, 가전, 유아용품 등 전 카테고리의 상품들이 약 1,000만 개 이상 등록되어 있는 아주 큰 위탁 전용 플랫폼입니다. 따라서 키워드 찾기를 통해 소싱할 제품을 도매매에서 찾는다면, 거의 대부분의 제품을 찾을 수 있다고 할 수 있습니다.

이렇게 수많은 아이템이 공급되고 있기 때문에, 여기서 판매할 아이템을 찾는 온라인 셀러 역시 굉장히 많을 수밖에 없겠죠. 공급만큼 수요도 아주 많습니다. 이는 경쟁이 치열하다는 것이며, 똑같은 제품을 판매하는 경쟁자가 많을수록 내가 매출을 올리는 데 불리해질 수밖에 없습니다. 그렇기 때문에 결국 경쟁하는 셀러끼리 판매가를 낮추는 출혈 경쟁으로 이어지고, 이는 곧 내 마진이 줄어드는, 별로 내키지 않는 결과를 초래하기도 합니다.

결국 도매매 같은 위탁사이트는 큰 장점에 비해 한계점도 명확합니다. 제품을 1개 판매해서 높은 마진을 올리는 것은 쉽지 않으며, 한 가지 제품을 오랫동안 지속적으로 꾸준히 판매하는 것도 쉽지 않아요. 그럼에도 빠르게 상품을 등록하여 판매할 수 있는 장점을 활용하여 경쟁에서 유리한 아이템을 찾는다면, 충분히 매출과 마진을 올릴 수 있습니다.

여기서는 3가지 경쟁에서 유리한 소싱 전략을 알려드리겠습니다.

**♦ 경쟁에서 유리한 위탁사이트 소싱 전략**

a. 신규 상품을 가능한 빠르게 소싱한다.

b. TV 예능이나 SNS 등에 노출되어 유행하는 상품을 소싱한다.

c. 판매가 이루어지면 사입으로 전환하여 마진을 추가 확보한다.

신규 상품은 상대적으로 경쟁자가 적어서 판매에 유리할 수 있어요. 그리고 단기간에 높은 판매량을 기록하는 제품의 대부분은 TV 예능에 등장하는 아이템이나 SNS에서 유행하는 아이템일 확률이 높습니다. 트렌드를 잘 아는 셀러라면 이러한 것도 놓치지 말아야 합니다.

마지막으로 내가 소싱하여 업로드한 제품이 판매가 된다면, 빠르게 사입으로 전환하여 추가로 마진을 확보하는 것이 중요해요. 아무래도 공급자 입장에서는 위탁보다는 사입(=도매)으로 10개나 100개 등 한 번에 판매하는 것이 유리하기 때문에, 온라인 셀러 입장에서는 조금 더 저렴하게 제품을 공급받을 수 있습니다.

실제로 위탁에서 사입으로 전환하여 마진율을 10~20% 정도까지 높인 사례도 굉장히 많아요. 여기서 또 하나의 팁을 드리면, 사입으로 전환했다고 모든 재고를 직접 받아서 배송할 필요는 없어요. 거래 방식만 위탁에서 사입으로 전환하고, 기존대로 재고는 공급처에서 보관하면서 배송을 맡기는 방식을 유지해도 됩니다. 발상의 전환을 하면 내 수익은 늘어날 수 있어요.

**도매매/도매꾹 회원가입 화면**

도매매를 통해 아이템을 소싱하기 위해서는 우선 회원가입을 해야 해요. 도매매(위탁)와 도매꾹(사입)은 패밀리 사이트로, 1개의 아이디로 가입 후 둘 다 이용할 수 있어요. 네이버나 카카오톡 연동으로 기본 회원가입을 진행한 후, 사업자회원 인증을 별도로 진행해주어야 합니다.

이때 사업자등록증이 필요하기 때문에, 처음 개인으로 스마트스토어를 시작한다고 하면 도매사이트에서 위탁으로 소싱하여 판매하는 것은 불가능합니다. 대부분의 위탁/사입 사이트가 사업자회원에게만 제품을 공급합니다.

도매매 사이트에 사업자회원 전환까지 완료했다고 하면, 이제 제품의 공급가가 보일 거예요. 제품의 공급가는 내가 구매할 수 있는 가격이며, 여기에 내 마진을 붙이고 경쟁상품과 비교하여 판매가 될 수 있는 가격에 판매를 시작하면 됩니다.

**샤워기 필터 상품 화면**

우선 판매할 상품을 정했다고 하면, 상품 리스트에서 이미지를 클릭하고 상품 팝업창의 '이미지 다운' 아이콘을 눌러 상품 이미지(썸네일)와 상세 이미지(상세페이지)를 다운로드합니다. 그리고 상품 등록에 필요한 정보들도 모두 이곳에서 확인한 후 등록하면 됩니다.

상품 등록하는 절차에 대해서는 뒤에서 자세히 설명드릴게요.

# 2. 직접 도매처를 찾아서 아이템 소싱하기

위탁/도매 사이트에서 아이템을 찾으려니 어렵나요? 어렵다고 느끼신 분들은 아마도 공급가 대비 실제 판매 금액의 차이가 많이 나지 않아서 그런 것이라고 볼 수 있어요. 앞에서 이야기했던 것처럼, 경쟁이 치열하다 보니 마진이 확보되지 않는 아이템도 많은 게 사실이거든요. 그럼 이렇게 한번 해보시는 것도 좋을 것 같아요. 바로 두 번째 소싱 방법인 도매처를 '직접' 찾아서 소싱하는 것입니다.

**메가칩스 상품정보 제공고시**

제가 2023년에 직접 사입하여 판매 중인 메가칩스 감자칩을 예시로 들어볼게요. 소싱하게 된 사연은 좀 길지만, 벨라루스라는 나라에서 유명한 감자칩인 것을 알게 되어 판매를 시작한 아이템입니다.

하지만 이 감자칩은 위탁/도매 사이트에는 없는 제품입니다. 이미 어떤 수입처에서 가져와서 한국에서 판매하고 있는 제품이었어요. 이런 제품을 누가 수입하는지 등에 대한 정보는 판매하는 스토어의 상품 상세페이지나 제품 뒷면의 라벨을 보면 상세 정보를 확인할 수 있어요.

이는 모든 식품류는 식품위생법에 따라 '한글표시사항'을 의무적으로 표기해야 하기 때문이죠. 메가칩스 감자칩도 라벨을 확인해보면, 제조국과 생산자(제조사), 그리고 수입자(수입업체)가 표기되어 있다는 것을 알 수 있습니다.

저는 이 정보를 확인하고 수입업체를 검색하여 홈페이지를 찾아냈어요. 그리고 이메일 주소를 확보하고 메일을 보내 제품 공급에 대한 문의를 했습니다. 며칠 후 수입업체로부터 긍정적인 회신이 왔고, 견적서를 받아본 후 샘플 발주와 함께 판매를 시작한 케이스입니다.

이렇게 위탁/도매 사이트에서는 찾을 수 없는, 생각보다 알려지지 않은 도매 공급처가 의외로 많습니다. 이런 방법으로 아이템의 공급처를 찾으면 위탁/도매 사이트보다 마진이 훨씬 좋을 수 있어요. 그리고 경쟁에서도 비교적 자유롭기 때문에 판매하는 데 굉장히 유리하기까지 하고요.

실제로 메가칩스 감자칩은 기존 도매처들이 정리되고, 공급처에서 단독으로 판매하고 있던 제품이었기 때문에 현재 온라인 시장에서는 제가 독점으로 공급받고 있습니다. 이런 제품은 판매에서 매우 유리할 수밖에 없겠죠.

하지만 이런 공급처를 찾기 위해서는 약간의 노력이 필요합니다. 조금만 남들과 다르게 노력한다면 괜찮은 공급처를 찾는 것은 어렵지 않습니다. 여기서 말하는 노력은 행동이라고 볼 수 있겠네요. 공급처를 확인하고 연락해보는 것, 해보시길 바라겠습니다.

**워터라임 홈페이지**

또 하나의 예시로, 해외 수입음료를 공급하는 '워터라임'이라는 도매처가 있어요. 역시나 어렵지 않게 네이버 검색만으로 쉽게 찾아냈고요. 특히 이곳은 업체 견적 문의 게시판을 따로 운영하고 있어 혹시라도 전화하거나 이메일을 보내기 두려우신 분들도 (의외로 이런 경우가 많습니다) 어렵지 않게 문의를 하고 견적서를 받을 수 있는 곳이에요.

도매 공급처는 온라인 셀러로부터 문의를 많이 받고 있기 때문에, 판매자가 전화하거나 메일을 보내는 것이 전혀 이상한 것이 아닙니다. 혹시 모를 두려움에 자신감을 잃지 말고 여러 공급처에 문의를 해보시면 좋은 아이템을 반드시 소싱하실 수 있습니다.

# 3. 중국 도매사이트(1688)에서 아이템 소싱하기

가공식품을 제외한 우리가 사용하는 상당수의 제품들이 중국산입니다. 'Made in China'라고 하면 저가에 낮은 품질의 제품을 상상하기 마련인데요. 물론 틀린 말은 아니지만, 생각보다 퀄리티 좋은 제품들도 대단히 많습니다. 가격이나 퀄리티의 스펙트럼이 넓다고 이해하는 게 맞는 것 같고요. 이미 우리 주변에는 다양한 중국 제품들이 알게 모르게 존재하고 있습니다. 그만큼 많은 제품이 중국에서 수입되고 있고, 판매자들도 많다는 것을 의미합니다.

중국에서 제품을 가져온다고 하면 다양한 장점이 있습니다.

♦ **중국 사입의 장점 3가지**

a. 거의 대부분의 원하는 제품을 수입할 수 있다.

b. 판매가 대비 원가율을 굉장히 낮출 수 있다.

c. 생각보다 빠르게 배송받을 수 있다.

이러한 장점들 때문에 많은 판매자가 중국에서 수입을 하고 있습니다. 그리고 수입하는 절차 또한 중국 무역업체를 통해서 진행하기 때문에, 요즘에는 굉장히 간편해져 누구나 어렵지 않게 수입할 수 있거든요. 그럼 어떠한 절차로 이루어지는지 알아볼게요.

화주　　　무역업체　　　화주　　　화주　　　무역업체/공장

상품
검색　　　견적
요청/확인　　　샘플
발주　　　제품
수령/확인　　　(필요시)
부분변경
협의

정식
발주　　　(필요시)
인증
절차　　　(필요시)
전수
검사　　　제품
수령/확인

화주　　　무역업체　　　무역업체　　　화주

**1688 중국 사입 프로세스**

우선 '1688'(https://www.1688.com)이라는 중국 도매사이트를 통해 소
싱할 아이템을 찾아야 합니다. 도매매를 이용했던 것처럼 중국 알리바
바 그룹에서 운영하는 도매사이트인 1688에서 제품을 찾아 수입하는
방식인데요.

중국어로 되어 있지만, 인터넷 브라우저에서 한국어로 번역하면 대
략 알아들을 수 있을 정도로 번역이 되긴 합니다. 하지만 번역이 되지
않는다고 해서 걱정하지 않아도 되는 게 '이미지 검색'을 통해 상품을
찾는 방법이 있거든요.

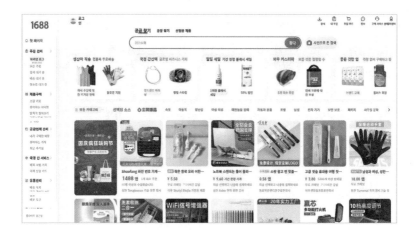

**1688 메인화면**

검색창 옆에 카메라 모양의 아이콘을 누르면 저장해 놓은 이미지를 선택해서, 비슷한 이미지의 제품들을 검색해주는 방법입니다. 국내 스토어나 도매사이트에 올려진 상품의 이미지를 가지고 검색하면 비슷한 상품들을 쉽게 찾을 수 있어요.

이렇게 아이템만 찾아낸다면 사실상 다 끝났습니다. 나머지는 중국 무역업체를 통해서 진행하면 되니까요. 그렇다고 바로 정식 발주를 하면 안 되고, 무조건 '샘플'부터 발주해서 퀄리티를 확인해봐야 합니다. 이미지와 다르게 실물의 품질이 생각보다 떨어질 수가 있거든요.

샘플 발주 역시 무역업체를 통해서 진행하면 됩니다. 샘플이 도착하고 검수 후 문제가 없으면 이후 정식 발주를 진행합니다. 정식 발주의 경우 공장 측에서 제시하는 MOQ(최소주문수량)만큼 수입을 해야 하는데요. 보통 컬러나 사이즈 등의 옵션이 있는 경우, 합쳐서 최소주문수량만 넘으면 발주가 가능한 경우가 많습니다.

이렇게 중국에서 수입하는 경우 보통 샘플과 정식 발주를 포함하여 한 달에서 두 달 정도 시간이 걸립니다. 공장에 미리 생산해 둔 재고가 있다면 리드타임이 2주 정도, 정말 빠른 경우는 일주일에서 열흘 만에 오기도 합니다.

하지만 새로 생산해야 하거나 발주가 밀려 있다면 한 달 혹은 두 달 이상 걸리기도 하기 때문에, 언제쯤 받을 수 있는지 잘 확인하고 발주하면 좋습니다. 시즌성 상품의 경우 시즌 임박해서 수입을 하는 경우, 타이밍을 맞추지 못할 수 있기 때문에 미리 발주하는 것이 좋습니다. 이러한 내용들을 공장 측과 소통하는 것도 모두 무역업체에서 담당자가 해주기 때문에 걱정하지 않아도 됩니다.

그럼 이렇게 중국에서 수입하는 경우 비용은 어떻게 될까요?

*수입비용 : 중국내륙운송 + 해상운임 + B/L 서류 + 통관수수료 + 관/부가세 + 대행수수료

**수입원가 계산법**

1688 도매사이트에 나와 있는 금액(위안화)은 말 그대로 제품의 원가입니다. 이 금액에 환율을 곱하면 원화로 제품 원가를 계산할 수 있는 것이죠. 하지만 이 제품을 정식으로 수입하여 판매하기 위해서는 수입비용이 꽤 많이 들어갑니다. 수입비용에는 크게 중국에서 한국으로 들

어오는 물류비와 정식으로 수입통관 절차를 거치면서 들어가는 관세와 부가세를 포함한 수입비용, 그리고 이 모든 것을 대행하여 진행해주는 무역업체의 수수료가 있습니다.

마지막으로 한국에 도착한 물건을 내 주소지까지 보내주는 물류 대행업체의 물류비용까지 계산해야 정확한 수입원가를 계산할 수 있는데요. 굉장히 많은 항목이 있어서 계산하기 어렵다고 느껴질 수 있지만, 아주 쉽게 계산하는 방법을 알려드리겠습니다.

♦ **수입원가 쉽게 계산하는 법**

제품 원가 x 300원 x 수량

예를 들어, 10위안짜리 제품 100개를 수입한다고 해볼게요. 그럼 10위안x300원x100개 = 300,000원이 총 수입원가가 됩니다. 그럼 개당 원가는 3,000원이 되는 거죠.

이렇게 쉽게 계산할 수 있는 이유는 일부 무역업체에서 진행하고 있는 방식 때문입니다. 조금 더 편하고 빠르게 수입을 진행하기 위해서 무역업체의 사업자로 국내 수입통관을 진행하고, 이후 주문자에게 납품하는 방식으로 하고 있습니다.

이는 사실상 국내에서 거래하는 것과 다를 바 없기 때문에, 주문자 입장에서는 굉장히 편한 방식입니다. 그리고 거래 금액 또한 전액 매입 세금계산서를 받을 수 있기 때문에 세금 신고도 편하게 할 수 있고요. 이 방식으로 진행하지 않는다면 직접 해외송금을 하고, 세금 처리를 위한 서류도 직접 챙겨서 나중에 신고해야 하기 때문에 복잡해질 수 있습니다.

이렇게 하면 무역업체의 수수료가 조금 늘어나기 때문에 다소 불리하다고 생각할 수 있지만, 경험상 소량 사입의 경우 총액 기준으로 이 방식이 훨씬 유리하니 쉽고 편하게 진행하시는 것을 추천드립니다.

마지막으로 중국에서 사입 시 주의할 점 하나만 더 이야기해드릴게요!

♦ **중국에서 사입 시 주의할 점**

a. 배송 문제로 재고 이슈가 발생할 수 있다.

b. 수입 시마다 퀄리티가 달라지는 경우가 종종 있다.

c. 국내 통관 후 환불/교환이 불가능하다.

처음 수입 시에는 괜찮았지만, 두 번째 세 번째 수입할 때마다 퀄리티의 이슈가 발생하는 경우가 종종 있어요. 이런 경우 무역업체를 통해서 다른 공장을 알아보는 것이 좋습니다.

그리고 수입 시마다 생산 이슈로 늦어지는 경우가 발생할 수 있으니, 항상 재고는 여유 있게 확보한 후에 재발주를 해야 합니다. 마지막으로 무역 거래 특성상 중국에서 이미 떠난 제품은 한국에서 불량을 발견하더라도 환불이나 교환이 거의 안 된다는 것도 주의해야 하고요.

불량 이슈가 좀 있는 제품군의 경우 중국에서 무역업체를 통해서 전수검사를 진행하는 것을 추천드립니다. 대부분의 무역업체에서는 공장 측과의 소통은 기본이고, 검수나 패키징 작업 등도 해주는 경우가 많습니다. 무역업체를 잘 활용하면 거의 완제품 형태로 물건을 받을 수 있다는 점도 참고하세요.

## 4. 사입한 아이템을 내 브랜드로 만들기

가능하다면 내 브랜드 제품을 만드는 것이 판매에 유리합니다. 시중에는 온라인, 오프라인 가리지 않고 비슷한 디자인과 성능의 제품들이 많습니다. 제품은 거의 동일하나 브랜드 로고만 다른 경우도 있고, 패키지 디자인 혹은 라벨 정도만 다른 제품들도 종종 볼 수 있습니다.

이는 브랜드가 없이 공장에서 생산되는 제품을 사입하여 내 브랜드 제품으로 만들어서 판매하는 방법이라고 볼 수 있는데요. 흔히 우리가 이야기하는 '라벨갈이', '패키지갈이'라고 생각하시면 됩니다. 일부 소비자들은 불법이나 잘못된 거 아니냐고 하는 분들도 있는데, 이는 오해입니다. 제품을 제조한 공장에서 동의한다면, 문제없이 내 브랜드로 만들어서 판매해도 됩니다. 실제로 이러한 제품들은 굉장히 많이 있습니다.

제가 2020년 처음으로 판매를 시작했던 제품 역시 이러한 방법으로 제 브랜드로 만들어서 판매했던 제품이었어요. 기성품인 마스크 스트랩을 제 브랜드 로고가 인쇄된 OPP 필름 봉투에 넣어서 판매를 했고요.

**마스크 스트랩 이미지**

이렇게 판매하면 경쟁사와 제품은 비슷하더라도 서로 다른 제품으로 인식되기 때문에 직접적인 가격 인하 경쟁을 하지 않아도 됩니다. 또한 좀 더 고급스럽게 포장을 하면 오히려 더 비싸게 판매할 수도 있고요.

동일한 제품이 아울렛이나 마트, 백화점 등에서 서로 다른 가격에 판매되는 것을 아실 텐데요. 또는 같은 음식이라도 서울 강남에 비싼 임대료를 주고 영업하는 식당에서 먹는 것과 비교적 저렴한 지역 식당에서 먹는 것은 가격이 다를 것입니다. 결론은 어떻게 상품을 포장하고 브랜딩을 하느냐에 따라서 판매가는 천차만별로 달라질 수 있습니다.

이러한 방법을 통해 도매처나 중국에서 사입한 제품을 내 브랜드로 만들어 판매하는 것이 내 브랜드 제품을 가질 수 있는 가장 쉬운 방법 중 하나입니다. 너무 어렵게 생각하지 말고 우선은 쉽게 만들어보고, 이후 차츰 제대로 된 내 제품을 만드는 것이 좋습니다.

# 5. ODM / OEM으로 제조하기

OEM 제조는 모든 온라인 셀러가 가장 바라는 아이템 소싱 방법 중 하나일 것입니다.

완벽하게 내가 직접 설계하거나 내가 만든 레시피로 나만의 제품을 만드는 방법이기 때문이죠. 하지만 OEM 제조는 생각보다 시간이 오래 걸리고 비용 또한 만만치 않게 들어 처음 시작하시는 분들에게는 조금은 어려운 방법일 수 있어요.

실제로 저 또한 2023년 5월에 준비를 시작한 건강기능식품 OEM 제조 제품이 2024년 2월 말이 되어서야 출시할 정도로 시간이 많이 들었습니다. 비용 또한 5천만 원 정도로 많은 자금을 투자해야 했습니다. (OEM 제조는 제품에 따라 비용과 시간에 편차가 큽니다.)

그럼에도 OEM 제조를 하는 이유는, 직접 제조하기 때문에 완벽히 차별화된 나만의 제품을 만들 수 있다는 것이 가장 큰 이유이고, 대량으로 생산하기 때문에 비교적 원가율이 낮아 마진의 폭이 크다는 것이 다음 이유일 것입니다. 투자한 만큼 많은 이익을 낼 수 있는 것이 OEM 제조이기 때문이죠.

OEM/ODM 비교 이미지

이렇게 매력적이긴 하지만 굉장히 큰 리스크도 가지고 있는 OEM 제조 대신에, ODM(Original Development Manufacturer, 제조업자설계생산) 제조를 하게 되면 조금은 더 쉽고 빠르게 내 브랜드 제품을 만들 수 있습니다.

ODM 제조는 OEM 제조와는 다르게 내가 직접 설계하거나 내가 만든 레시피로 제품을 제조하는 것이 아닌, 공장이 이미 가지고 있는 설계도와 레시피를 가지고 '내 입맛에 맞게 변형'하여 내 제품을 만드는 방식이라고 이해하시면 좋은데요.

개발의 주체가 내가 아닌 공장이 되는 것이죠. 이러한 방법을 활용하면 제품을 만들기가 조금은 쉬워집니다. 전문적인 지식을 가지고 있지 않아도 공장의 도움을 받아 어렵지 않게 내 브랜드 제품을 만들 수 있거든요.

**◆ ODM 공동제조의 장점**

a. 동일한 원료나 디자인을 공동으로 사용한다.

b. 상대적으로 적은 MOQ(최소주문수량)로 생산 가능하다.

c. 라벨/패키지만 갖추면 빠르게 제품화가 가능하다.

d. 최근에는 위탁배송까지 가능한 추세이다.


그리고 ODM 제조는 공동제조라는 이름으로도 쓰이고 있습니다. 기본 원료나 제품의 디자인은 비슷하고 부분만 변경하여 내 브랜드 제품을 만드는 방법도 있고요. 손잡이의 모양이나 색상을 변경하거나 로고만 새로 부착하는 등 ODM 제조는 쉽고 다양한 방법으로 내 브랜드 제품을 만들 수 있습니다.

**커피포트 ODM 예시**


국내에서 판매 중인 커피포트 중에 굉장히 많은 브랜드가 이렇게 같은 디자인을 가지고 있고, 손잡이나 뚜껑의 색상이나 로고 정도만 다르게 만들어 판매하고 있네요. 이 중에서 조금 가격이 비싼 제품은 패키지 상자에도 신경을 써서 고급스러운 반면, 저가로 판매하는 제품은 패키지 상자도 심플하고 저렴한 것으로 만들어져 있습니다.

**아보카도오일 ODM 예시**

　제가 판매하는 아보카도오일 역시 ODM 제조라고 할 수 있어요.

　멕시코에서 수입하여 국내에서 소분해 판매하는 제품이며, 멕시코에서 100kg짜리 식용 드럼에 대용량으로 담겨서 한국으로 들여오는데요. 공장에서 250ml 작은 병에 소분하기 전까지는 제 제품이 아니지만, 제 브랜드 라벨지가 붙어있는 병에 담겨지면 그제야 제 브랜드 제품이 되는 것입니다.

　공동으로 아보카도오일 원료를 수입해 각자 브랜드로 만들어 판매하는 방식입니다. 이렇게 하지 않으면 아보카도오일을 팔기 위해서는 컨테이너 단위로 오일을 수입해야 하기 때문에, 리스크를 줄이기 위한 방식이라고 생각하면 좋습니다.

　이렇게 아이템 소싱을 위한 노하우 5가지에 대해서 이야기해봤습니다. 처음부터 위탁판매나 사입판매를 정해놓지 말고, 상황에 따라 해당 아이템에 맞는 최적의 소싱 방법을 선택하시기 바랍니다. 각 소싱 방법마다 장단점이 있기 때문에 여러 소싱 방법 중에서 아이템에 잘 맞는 소싱 방식을 선택하는 것이 좋습니다.

# 04
# 절대 손해 안 보는 원가 계산법

"물건이 팔리기는 하는데, 얼마가 남는 건지 모르겠어요."

"이상하게 통장에 남는 게 없는데, 왜 그런지 모르겠어요."

제 주변의 판매자분들에게 이런 두 가지 질문을 종종 받습니다. 그럼 제가 이분들에게 되묻는 질문이 있어요.

"마진율이 얼마나 돼요?"

여기서 문제는 정확한 원가 계산이 되지 않아서 발생하는 것이라고 할 수 있는데요. 제품을 매입하는 비용(=제품 원가)은 결제를 하기 때문에 어느 정도 알고 있지만, 정확한 개당 비용이나 물류비, 수수료, 포장비, 부자재 비용 등은 계산해 보지 않는 경우가 많더라고요.

그러다 보니 이 정도 가격에 팔면 대충 이만큼은 남지 않을까, 라는 생각으로 운영을 하다 보면, 예상치 못하게 나가는 비용으로 인해 내 순이익은 생각보다 훨씬 적어질 수 있어요. 이벤트나 프로모션을 할 때도 이 정도 할인해도 남겠지 라는 생각은, 팔면서 적자를 보는 안타까운 상황을 만들 수도 있습니다.

손해를 보지 않기 위해서는 반드시 정확한 원가 계산이 필요합니다.

# 1. 왜 항상 내 예상보다 통장에는 돈이 안 남을까?

우리가 사업자 등록을 하고 온라인 스토어를 운영하는 이유는 돈을 벌기 위해서죠. 즉, 제품 1개를 팔았을 때 최소한 100원이라도 남아야 한다는 것인데요. 그렇게 되기 위해서는 하나 팔았을 때 얼마나 남는지 정확하게 계산해야 할 필요가 있습니다.

5,000원에 물건을 사다가 10,000원에 팔면 5,000원이 남을 것 같지만, 실제로 그렇게 남지 않아요. 판매 수수료를 내야 하고, 부가세도 내야 해요. 스마트스토어 특성상 할인쿠폰을 발행하는 경우도 있고, 리뷰를 쓰면 포인트를 주기도 하죠. 판매가가 크면 무이자 할부 설정을 하기도 하는데, 이런 이자 비용까지 모두 판매자가 부담해야 합니다. 무료배송 이벤트를 하고 있다면 배송비까지 모두 판매자가 부담해야 하는 거죠.

이러한 모든 비용을 계산하고 제외했을 때 실제로 순이익이 얼마가 남는지 정확히 따져봐야 합니다. '대충 얼마 정도 남겠지?'라고 생각한다면 정산이 되고 난 후 실제로 통장에 돈이 생각보다 안 남거나 아예 0원이 될 수도 있습니다. 의외로 원가나 마진 계산을 정확하게 하지 않는 분들이 많은데, 굉장히 중요한 항목이기 때문에 반드시 판매 전에 꼭 짚고 넘어가시길 바라겠습니다.

## 2. 이거 빼먹으면 마이너스 될 수도 있어요!

마진 계산할 때, "내가 계산한 것보다 실제로 덜 남아요!" 하는 분들이 계실 거예요. 이것은 비용 계산 시 '판관비'를 넣지 않아서 그런 경우가 대부분입니다.

판관비는 '판매관리비'의 줄임말로, 판매비와 관리비를 합친 용어예요. 온라인 셀러 버전으로 살짝 간소화해서 보면, 판매비에는 원래는 제품 원가에 포함되어야 할 포장할 때 드는 비용(비닐 포장, 택배 박스, 박스 테이프 등)이 있을 수 있고요. 관리비는 혹시라도 직원이 있다면 인건비가 큰 비중을 차지할 수 있고, 상주/비상주 사무실을 임대했다면 지급임차료 항목의 임대료가 포함될 수 있습니다. 그리고 교통비나 식비, 영업(접대비) 등도 포함될 수 있습니다.

온라인 스토어를 운영하면서 이러한 부분은 사소하게 생각하고 대부분 카드 결제를 하기 때문에, 크게 계산하지 않고 넘어가는 경우가 많은데요. 여기서 의외로 차액이 많이 발생합니다.

따라서 비용 계산을 할 때, 인건비가 없다면 매출의 2~3% 정도를 항상 잡아주는 것이 좋습니다. 그래야 실제로 정산할 때 내가 생각한 금액과 큰 오차 없이 통장에 잔액이 남을 것입니다.

# 3. 정확히 계산하는 원가 / 마진 계산기

이렇게 원가/마진을 정확히 계산해야 하는 이유는 판매가를 결정하는 중요한 요소이기도 합니다. 5,000원에 사입한 제품을 10,000원에 판매하려고 했는데 계산해 보니 생각보다 남는 게 없다고 하면 우리가 할 수 있는 선택은 두 가지입니다.

협상을 통해 원가를 낮추거나 판매가를 높이는 것이죠. 판매가는 단순히 경쟁업체와 비교해서 정하는 것이 아니라, 내 마진을 정확히 계산해서 필요에 따라 판매가를 높이거나 낮추는 결정을 해야 합니다.

# Part
# 4

# 상품 등록과 상위노출의
# 비밀

다양한 키워드로 검색했을 때,

전부 내 제품이 눈에 딱 보이는 자리에 노출된다면 어떻게 될까요?

정말 많은 매출을 올릴 수 있을 거예요.

상상만 해도 너무 행복한 일입니다.

그럼 이제 키워드에 이어 상위노출 싸움에서도 이길 준비가 되셨나요?

# 01
# 상위노출이 되려면 어떻게 해야 할까?

스마트스토어는 키워드 싸움이라고 이야기했었죠. 얼마나 많은 키워드를 활용하는지가 중요한 포인트였는데요. 스마트스토어는 상위노출 싸움이기도 합니다. 이렇게 수집한 키워드를 활용하여 '상위노출'이 되어야 비로소 빛을 볼 수 있기 때문입니다.

다양한 키워드로 검색했을 때, 전부 내 제품이 눈에 딱 보이는 자리에 노출된다면 어떻게 될까요? 정말 많은 매출을 올릴 수 있을 거예요. 상상만 해도 너무 행복한 일입니다.

그럼 이제 키워드에 이어 상위노출 싸움에서도 이길 준비가 되셨나요?

# 1. 상위노출의 정의

상위노출은 검색 기반의 플랫폼인 스마트스토어에서 가장 중요한 요소 중 하나입니다.

메인 키워드 혹은 서브 키워드로 검색했을 때 내 상품이 노출되어야 판매가 될 수 있습니다. 실제로 특정 키워드로 검색해보면 수만 개에서 수십만 개의 상품들이 노출되는데요. 여기서 최소한 1페이지에는 내 상품이 보여야 합니다.

아마 경험상 2페이지나 3페이지까지 넘겨서 검색해본 적은 없으실 거예요. 1페이지에는 광고 상품을 제외하고 상품 랭킹 순으로 1위부터 40위까지 나오기 때문에, 여기서 말하는 상위노출은 1페이지 40위 이내로 내 상품의 랭킹을 끌어올리는 것을 의미합니다.

♦ 상위노출의 정의

a. 1페이지에 노출된다(상품 랭킹 40위 이내)

b. 1페이지 상단에 노출된다(상품 랭킹 10위 이내)

특히 조회수가 크지 않고 경쟁이 덜 치열한 서브 키워드(소형 키워드)의 경우는 1페이지 10위 이내에 노출되어야 구매 확률이 높아질 수 있습니다.

상위노출이 되기 위해서는 상품을 등록할 때 지켜야 하는 규칙이 있고, 상품을 등록한 다음에 순위를 끌어올리는 방법이 있습니다. 이제 이 규칙을 이해하고 상위노출 되는 방법을 알려드릴게요.

## 2. 네이버 상품검색 SEO 가이드 이해하기

네이버 검색창에 키워드를 검색했을 때, 짧은 시간 동안 시스템은 연관된 상품을 모두 찾아낸 뒤 일정 규칙을 가지고 상품들의 순위를 정하게 됩니다. 그리고 상품 랭킹 순서로 우리에게 보여지게 되는데요.

이 상품 랭킹을 정하는 규칙을 네이버에서는 일정 부분 공개하고 있습니다. 이를 '상품검색 SEO 가이드'라고 하고요. SEO(Search Engine Optimization)는 '검색 엔진 최적화'라고도 합니다.

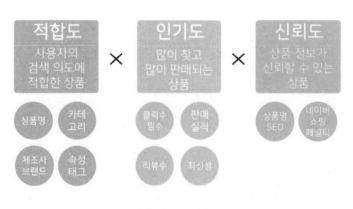

**상위노출 SEO 가이드**

네이버 상품검색 SEO 가이드에 의하면, '적합도'와 '인기도', 그리고 '신뢰도'라는 크게 3가지 항목에 대해서 점수를 부여하고 이를 랭킹화한다고 되어 있어요. 여기서 적합도는 '상품을 얼마나 규칙에 맞게 잘 등록했는지?' 여부에 대해서 점수화한 것입니다. 인기도는 '상품 등록 이후 얼마나 잘 팔리는지?'에 대한 점수화이고, 신뢰도는 '규정을 위반 하지는 않았는지?'에 대한 점수화라고 생각하시면 쉽게 이해될 거예요.

요약하면 상품을 등록할 때 규칙에 맞게 잘 등록하고, 판매가 잘되 면서 규정을 위반하지 않은 제품들에 대해 높은 점수를 주고, 이런 상 품들은 상위노출이 된다는 것입니다.

그럼 상위노출을 위해서 각 영역별로 어떤 항목들이 점수를 받는지 알아보고, 높은 점수를 받기 위해서 어떻게 해야 하는지 구체적으로 알아볼게요.

### ① 적합도

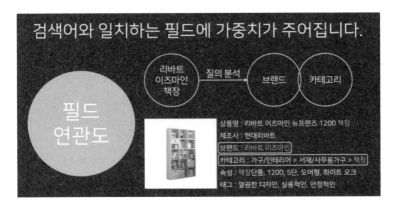

**필드 연관도 규칙**

스마트스토어는 상품 등록 시 입력하는 항목이 꽤 많은 편이에요. 그만큼 세부적으로 꼼꼼히 입력하도록 네이버에서 세분화해 놓았다고 생각하면 되는데요. 그렇기 때문에 각 항목에 맞게 입력하는 게 중요합니다.

특히 브랜드와 제조사 등의 정보는 상품명에 입력하는 것보다 상품 주요 정보 항목에 입력하는 것이 우선 노출됩니다. 각 항목을 꼼꼼하게 입력하는 것이 상위노출의 첫걸음이에요.

**카테고리 선호도 규칙**

상품검색에 있어서 카테고리는 중요한 항목입니다. 앞서 이야기했 듯이 카테고리에 따라 매칭이 되는 키워드가 있기 때문에, 키워드에 맞는 카테고리를 잘 선택해야 합니다. 최근에는 임의로 상품과 맞지 않은 카테고리를 선택하는 경우, 자동으로 카테고리가 이동되거나 삭제되는 경우도 있으니 주의해야 합니다.

### ♦ 상품명에 꼭 입력해야 하는 것들

a. 모델명

b. 상품 유형

c. 색상, 소재, 수량

d. 용량, 무게, 사이즈 등

### ♦ 상품명에 입력하지 말아야 하는 것들

a. 특수기호

b. 수식어

c. 키워드 반복

d. 이벤트, 할인, 쿠폰 등

상품명은 50자를 넘지 않도록 주의하고 제품과 연관된 정보와 키워드 위주로 입력하며, 동일한 키워드를 반복하거나 특수기호, 수식어 등은 피해야 합니다. 이벤트나 할인 등의 홍보 문구도 넣지 않는 것이 좋은데요. 이러한 것들이 전부 높은 점수를 받지 못하는 요소들이 됩니다.

## ② 인기도

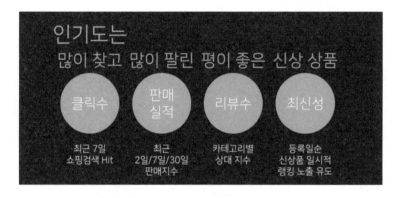

**인기도 규칙**

인기도는 상품 등록 후 판매와 연관된 점수에요. 단순하게 구매 실적만 점수화하는 것은 아니구요. 최종 구매 단계까지 이어지는 모든 과정에서의 액션이 점수를 받을 수 있다고 생각하시면 됩니다. 구매 이후 리뷰까지도 점수를 받을 수 있으니 신경 써야겠죠?

### ♦ 인기도 점수 항목 요약

a. 클릭 수/찜 수: 쇼핑 검색을 통해 클릭한 점수와 찜을 누른 점수

b. 판매 실적: 쇼핑 검색을 통해 최근 2일 + 7일 + 30일치 각 점수를 합산

c. 리뷰 수: 텍스트 리뷰 혹은 포토/동영상 리뷰 점수

d. 최신성: 신상품 대상으로 일시적으로 상위노출 가산점 부여

키워드를 검색하여 노출된 상품을 클릭해서 살펴보는 것만으로도 '클

릭 수'라는 항목으로 인기도 점수가 올라갑니다. 네이버에서는 상품을 클릭해본 것 자체를 중요하게 생각하거든요.

그리고 상품에 '찜'을 눌렀다는 것은 관심도를 표현한 것이기 때문에 마찬가지로 점수를 부여합니다. 다만, 상품의 URL 주소를 전달하여 카톡이나 외부 SNS 채널을 통해서 들어왔다면, 이는 점수화 대상에 해당되지 않구요. 오직 검색창을 통해 검색을 통해서 유입되는 경우에만 클릭 수 점수가 올라갑니다.

판매 실적 점수 또한 클릭 수와 같은 방식으로 검색을 통해서 구매하는 경우에만 점수를 받을 수 있어요. 판매 실적에는 판매 건수와 판매 금액 모두가 포함되고요. 최근 2일 치와 7일 치, 30일 치를 각각 점수화하여 합산해 최종 판매 실적 점수를 계산하게 됩니다. 단, 판매자가 직접 내 상품을 구매한다거나 부정거래로 의심이 되는 경우에는 제외가 될 뿐만 아니라, 페널티 점수를 받을 수도 있으니 주의해야 해요.

리뷰 수 점수는 리뷰가 쌓일 때마다 받을 수 있는데, 일반적인 텍스트 리뷰보다는 포토/동영상 리뷰가 높은 점수를 받을 수 있어요. 리뷰는 인기도 점수에도 영향을 미치지만, 좋은 리뷰 자체가 구매 전환에 많은 영향을 미치기 때문에 많이 쌓일수록 좋아요.

마지막으로 최신성 점수는 신상품에 부여되는 일시적인 가산점이에요. 이미 상위노출이 되어 판매가 잘되고 있는 상품들은 인기도 점수를 이미 많이 받고 있기 때문에, 신상품이 이보다 더 많은 점수를 받아 상위노출 경쟁을 하는 것이 쉽지 않거든요. 그래서 최소한 경쟁을 할수 있도록 일정 기간 동안 가산점을 부여하는데요. 대략 카테고리별로

2~4주 정도 부여되며, 상대적으로 높은 점수를 받아 상위노출할 수 있는 경쟁력이 생기는 중요한 항목입니다.

### ③ 신뢰도

마지막 영역인 신뢰도는 점수를 얻는 것보다 마이너스가 되는 것들을 하지 말아야 하는 항목입니다. 상품명 규칙에 어긋나게 되면 점수를 잃어 상품 랭킹이 하락할 수 있으며, 배송 문제나 어뷰징 등으로 페널티를 받게 되면 마찬가지로 점수를 잃을 수 있어요.

상품명 SEO 규칙

적합도 영역에서 설명했던 내용으로 제대로 입력하면 적합도 점수를 받지만, 잘못 입력하는 경우 오히려 페널티를 받을 수 있습니다. 가능하면 하지 말라는 규칙은 안 하는 것이 좋습니다.

**네이버 쇼핑 페널티 규칙**

스마트스토어를 운영하다 보면 여러 가지 유혹(?)이 있을 수 있어요. 불법적인 경로로 구매나 리뷰를 만드는 행위 등은 어뷰징으로 자동 판단되어 점수를 잃을 수 있습니다. 그리고 배송 관련하여 당일 배송 설정을 해놓고 배송 지연 경우 역시 페널티를 받을 수 있습니다.

## 3. 진화된 GBDT 모델 기반 상위노출 방식

네이버 상품검색 SEO 가이드를 통해 규칙을 잘 지키고, 이를 활용하여 점수를 많이 받을 수 있는 행동을 하면 충분히 내 상품도 상위노출할 수 있습니다. 하지만 이런 규칙을 악용해서 많은 점수를 받도록 어뷰징 행위도 나날이 증가하면서, 네이버에서도 지속적으로 알고리즘을 보완하고 정교하게 업데이트를 하고 있습니다. 최근에는 GBDT 라는 알고리즘이 추가되어 상위노출 랭킹에도 변화가 생겼는데요.

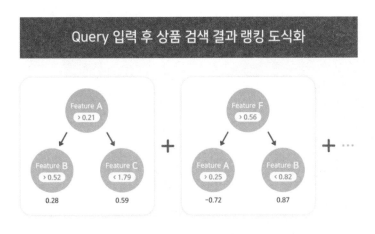

GBDT 모델

특히 클릭 수나 찜 수, 판매 실적, 리뷰 수 등의 인기도 점수와 관련해서, 구매 연관성을 중요하게 생각하고 이에 따라 '가중치' 점수를 부여하고 더욱 정교하게 랭킹화한다는 것이 핵심이에요.

예를 들어 클릭 수나 판매 실적, 리뷰 수 등 특정 항목만 많은 점수를 받아서 상위노출 되는 사례가 있었다고 하면, GBDT 도입 이후에는 클릭 이후 찜, 판매 실적, 리뷰까지 연관성을 보면서 이러한 경우 더 높은 점수를 받아서 상위노출 되는 사례가 많아지고 있습니다.

**GBDT 개선 이후 랭킹 변화**

생각해보면 클릭 수는 많은데 구매로 이어지는 비율이 낮은 경우는 상대적으로 덜 인기 있는 상품이라고 판단하는 것이구요. 반대로 클릭 수 대비 구매 비율이 상대적으로 높거나, 구매 수 대비 리뷰 수가 상대적으로 높은 경우는 비정상적인 것으로 판단하고 점수를 낮게 줄 수도 있다는 것입니다. 결국 모든 영역에서 골고루 점수를 받는 것이 유리하고, 시간이 지날수록 점수가 높아지는 패턴이 인기가 많은 상품이라고 판단되어 상위노출에 유리할 수 있습니다.

## 4. 상위노출, 딱 2가지만 기억하세요!

앞서 어려운 이야기를 했지만, 잘 모르더라도 이거 딱 2가지만 기억하시면 됩니다.

① 상위노출에 있어서 '인기도' 항목이 가장 중요하다.

② 인기도 항목 중에서는 '클릭 수'와 '판매 실적'이 가장 중요하다.

상위노출은 각 상품별로, 각 키워드별로 경쟁사보다 0.1점이라도 더 많은 점수를 받으면 되는 싸움이에요. 절대값이 아닌 상대값이라는 것을 기억해 두시면 좋습니다. 그렇기 때문에 상품 등록할 때 받는 적합도 점수와 페널티와 관련된 신뢰도 점수는 경쟁 상대와 비교했을 때 큰 차이가 나지 않는 항목들이고요. 무엇보다 중요한 것이 바로 인기도 점수입니다. 실제로 인기도 점수에 따라서 순위의 편차가 굉장히 커지게 됩니다.

**상위노출에서 가장 중요한 항목**

인기도 항목 중에서도 각 항목별로 점수의 편차가 존재할 수 있는데요. 제 경험상 '클릭 수'와 '판매 실적'이 가장 중요하다고 판단하고 있어요. 따라서 가능하면 상품을 등록하자마자 최신성 가산점을 받는 기간 동안에 최대한 많은 클릭 수 점수와 판매 실적 점수를 확보하는 것이 상위노출의 지름길이라고 생각합니다.

당연히 처음에는 점수가 없으니 상위노출이 될 수 없기 때문에, 자연적으로 구매가 발생하는 것은 쉽지 않겠죠. 그래서 지인들을 통해서 또는 다양한 외부 SNS 채널들을 통해서 홍보하여 구매를 유도하는 것이 필요합니다. 식당을 오픈하면 크게 행사를 하며 지인들에게도 부탁하여 북적북적이게 만드는 효과와 비슷한 것이라고 생각하면 좋겠네요.

인기도 점수를 많이 올리기 위해서는 다음과 같이 진행하는 것이 가장 효율이 높아요. 지인에게 부탁할 때에도 이와 같이 진행해달라고 하는 것이 좋습니다.

### ♦ 인기도 점수를 가장 많이 얻는 방법

a. 네이버 검색창에 내 상품과 연관된 키워드를 검색한다.

b. 상품이 있는 위치(페이지)를 찾아서 클릭한다. (클릭 수 증가)

c. 상세페이지를 둘러보며 알림 받기와 상품 찜을 누른다. (찜 수 증가)

d. 상품을 구매한다. (판매 실적 증가)

e. 배송이 완료되면 리뷰를 작성한다. (리뷰 수 증가)

# 02
## 팔리는 키워드 4단계 수집 노하우

이제부터는 실전입니다. 계속 강조했던 키워드를 제대로 수집해보는 연습을 해야 하거든요. 이대로만 따라 하면 무조건 상위노출이 되고, 매출이 나오는 상품 명을 만들 수 있습니다. 굉장히 중요한 단계이기 때문에 꼭 따라 해보고 연습해 보시길 바랍니다.

# 1. 1단계 : 키워드 도구 활용

상품 등록을 위한 첫 번째 단계로 상품명에 입력할 키워드를 수집해 보겠습니다. 키워드는 총 4가지 단계로 수집할 예정인데, 우선 기본적으로 키워드 도구 사이트를 이용하면 쉽게 수집할 수 있어요. 무료로 키워드 수집을 할 수 있는 '판다랭크' 사이트를 이용해볼게요.

**판다랭크 키워드 검색 화면**

제가 판매하고 있는 '아보카도오일' 키워드로 예를 들어볼게요. 검색 후 '엑셀 다운로드' 버튼을 눌러 엑셀 파일을 다운로드해주세요. 여기에 보면 아보카도오일과 연관된 다양한 키워드를 판다랭크가 모아서 알려주거든요.

| | A | B | C | D | E | F |
|---|---|---|---|---|---|---|
| 1 | 키워드 ▼ | 카테고리 ▼ | 월 검색량 ▼ | 상품량 ▼ | 경쟁률 ▼ | 쇼핑전환 ▼ |
| 6 | 아보카도오일효능 | 아보카도오일 | 8700 | 231 | 0.02 | 4.1 |
| 9 | 아보카도오일먹는법 | 아보카도오일 | 5410 | 166 | 0.03 | 1.9 |
| 12 | 아보카도유 | 아보카도오일 | 4350 | 3312 | 0.76 | 1.54 |
| 13 | 아보카도오일엑스트라버진 | 아보카도오일 | 3960 | 9402 | 2.37 | 3.21 |
| 14 | 아보카도오일효능 | 아보카도오일 | 3260 | 231 | 0.07 | 7.67 |
| 16 | 엑스트라버진아보카도오일 | 아보카도오일 | 3200 | 9402 | 2.93 | 2.61 |
| 17 | 아보카도오일선물세트 | 아보카도오일 | 2690 | 10768 | 4 | 4.3 |
| 20 | 아보카도오일 | 아보카도오일 | 2380 | 36927 | 15.51 | 6 |
| 21 | 아보카도오일추천 | 아보카도오일 | 2270 | 36927 | 16.26 | 4.15 |
| 23 | 아보카도오일먹는법 | 아보카도오일 | 1120 | 166 | 0.14 | 2.45 |
| 24 | 아보카도엑스트라버진 | 아보카도오일 | 1070 | 9618 | 8.98 | 2.01 |
| 25 | 아보카도오일세트 | 아보카도오일 | 940 | 12038 | 12.8 | 3.4 |
| 26 | 아보카도오일선물 | 아보카도오일 | 780 | 11531 | 14.78 | 1.56 |
| 28 | 아보카도기름 | 아보카도오일 | 590 | 3692 | 6.25 | 4.17 |
| 29 | 유기농아보카도오일 | 아보카도오일 | 570 | 1647 | 2.88 | 5.44 |
| 30 | 아후카를 | 아보카도오일 | 470 | 267 | 0.56 | 0.09 |
| 31 | 나한나아보카도오일 | 아보카도오일 | 370 | 118 | 0.31 | 1.26 |
| 32 | 아보카도오일가격 | 아보카도오일 | 250 | 37366 | 149.46 | 9.11 |
| 34 | 냉압착아보카도오일 | 아보카도오일 | 220 | 2070 | 9.4 | 6.05 |
| 35 | 아보카도유선물세트 | 아보카도오일 | 210 | 12434 | 59.2 | 7.75 |
| 36 | 산루카스 | 아보카도오일 | 160 | 646 | 4.03 | 0.26 |
| 37 | 아보카도엑스트라버진오일 | 아보카도오일 | 150 | 9803 | 65.35 | 4.43 |
| 38 | 네츄라 | 아보카도오일 | 150 | 29616 | 197.44 | 3.39 |
| 39 | 멕시코아보카도오일 | 아보카도오일 | 140 | 519 | 3.7 | 4.34 |
| 40 | 조슨푸드 | 아보카도오일 | 140 | 2202 | 15.72 | 1.01 |

키워드 정보 | 광고 입찰가 | 연관 키워드 | 키워드 상위 상품 | 키워드 쿠팡 데이터 | ⊕ | ◀ |

**연관검색어 엑셀화면**

엑셀의 '연관 키워드' 시트로 이동을 해보면, 이렇게 총 25개 정도의 연관 키워드를 판다랭크가 알려주네요. 키워드 외에 카테고리 정보와 월 검색량, 상품량, 경쟁률, 쇼핑 전환의 지표도 함께 알려줍니다. 여기서 우리는 월 검색량이 높은 키워드 위주로 사용하면 됩니다.

## 2. 2단계 : 자동완성 / 쇼핑 연관 검색

보통은 키워드 도구에서 알려주는 키워드만 사용하는데, 남들과 똑같이 여기서 끝내면 경쟁상품과 싸움에서 이길 수가 없어요. 경쟁업체에서는 사용하지 않는 '황금 키워드'를 찾아야 합니다. 황금 키워드는 조회수에 비해서 상품량이 적은 키워드를 의미하는데, 상위노출될 확률이 높기 때문에 가능하면 이런 키워드를 많이 찾는 것이 중요합니다.

네이버 자동완성 화면

네이버 검색창에 아보카도오일 키워드를 검색하면 자동완성 키워드들이 보이죠. 판다랭크에서 보이지 않던 키워드들이 이곳에 노출되기도 합니다. 중요한 것은 여기에 나오는 키워드를 모두 다 사용할 수 있는 것은 아니고, 새롭게 발견한 키워드를 하나씩 판다랭크에 검색을 해보면서 카테고리가 '아보카도오일'로 되어 있는 키워드만 사용이 가능해요. 카테고리와 함께 조회수도 함께 조사하면 좋습니다.

◆ **새롭게 발견한 키워드**

a. 아보카도오일 발연점(조회수 1,720회)

b. 아보카도오일 보관(조회수 630회)

c. 아보카도오일 요리(조회수 780회)

d. 아보카도오일 파스타(조회수 730회)

자동완성 화면을 통해 새롭게 찾은 키워드 중에서 '아보카도오일 발연점' 키워드는 황금 키워드라고 할 수 있습니다. 조회수 대비하여 등록되어 있는 상품이 거의 없기 때문입니다. 이런 키워드를 찾아서 내 제품이 상위노출 된다면 매출을 올리는 데 굉장히 유리해집니다.

**아보카도오일 발연점 vs 아보카도오일 엑스트라버진**

　아보카도오일 발연점 키워드는 조회수 1,720회에 등록되어 있는 상품이 33개인 반면에, 비슷한 조회수를 가진 1,900회 아보카도오일 엑스트라버진 키워드는 상품 수가 9,700여 개로 상위노출될 확률이 훨씬 더 적습니다. 황금 키워드를 찾아야 하는 이유입니다.

# 3. 3단계 : 오타 키워드 찾기

다음으로는 '오타 키워드'라는 것이 있어요. PC나 스마트폰으로 키워드를 검색할 때 잘못 입력하여 오타로 검색을 하는 경우가 있잖아요. 이런 경우 일부는 네이버에서 자동으로 원래 입력하려고 했던 키워드로 변경해주기도 하는데, 그렇지 않고 오타로 검색이 되는 경우도 많이 있습니다. 이때 오타도 결국 새로운 키워드로 인식이 되는 것입니다.

오타 키워드가 새로운 키워드로 인식이 되는지 안 되는지 구별하는 방법을 알려드릴게요. 예를 들어 '아보카도오일' 키워드의 오타인 '아보카드오일' 키워드가 있는데요. 네이버 쇼핑 검색창에서 이 두 가지 키워드를 모두 검색해서 나오는 상품 수를 확인해보면 됩니다.

**아보카도오일 vs 아보카드오일**

'아보카도오일' 키워드와 '아보카드오일' 키워드 모두 상품 수가 35,213개로 같은 결과가 나옵니다. 이러한 경우는 아보카드오일이 새로운 키워드가 아닌, 아보카도오일과 동일한 키워드라고 보시면 되고요. 그렇기 때문에 아보카드오일이라는 키워드는 사용하지 않아도 됩니다.

반면, 떡볶이의 오타 키워드인 '떡뽁이'를 검색해볼까요?

**떡볶이 vs 떡뽁이**

상품 수가 약 29만 개와 2,565개 정도로 차이가 많이 나는데, 이런 경우 떡뽁이는 새로운 키워드로 인식이 되는 것입니다. 참고로 떡볶이는 조회수 19만 회 정도로 대형 키워드에 속하는데요. 경쟁이 치열하여 상위노출이 쉽지 않습니다. 하지만 오타 키워드인 떡뽁이는 조회수 4,810회 정도로 소형 키워드에 속하기 때문에 상대적으로 상위노출에 유리한 키워드입니다. 이렇게 오타를 전략적으로 활용하는 것도 매출을 올리는 데 많은 도움이 됩니다.

# 4. 4단계 : 타깃층과 메인 키워드 결합

키워드를 수집화는 마지막 방법으로 '타깃 + 메인 키워드' 조합이 있어요. 이는 판매 대상의 범위를 좁혀서 실구매자를 타깃으로 하는 전략이라고 할 수 있는데요. 다음과 같이 다양한 타깃을 대상으로 내 제품과 연관된 타깃층을 공략해보는 방법입니다.

**◆ 타깃과 키워드의 결합 예시**

a. 나이 + 메인 키워드(10대 영양제, 고등학생 양말, 할머니 바지)

b. 직업 + 메인 키워드(직장인 백팩, 군인 핫팩)

c. 성별 + 메인 키워드(남성용 OOO, 여성용 OOO)

d. 질병 + 메인 키워드(평발 운동화, 주부습진 핸드크림)

e. 계절 + 메인 키워드(겨울 원피스, 여름 딸기)

f. 행사 + 메인 키워드(돌잔치 수건, 결혼식 드레스, 장례식 정장)

이렇게 총 4단계에 걸쳐서 키워드를 수집하는 방법을 알려드렸습니다. 키워드는 최대한 많이 수집하면 할수록 유리하고요. 조금 더 강하게 이야기하면 키워드에 집착하셔야 합니다! 경쟁에서 이기기 위해서는 많은 키워드가 필요하거든요. 저 또한 신규 상품을 등록할 때마다 매번 하루 정도는 꼬박 키워드를 찾는 데 집중하고 있습니다.

# 03

# 상위노출 되는 상품 등록 비법

상품 키워드를 제대로 수집했다면, 이제 상위노출 되는 노하우를 통해 상품 등록을 해주면 됩니다. 상품 등록 시 상위노출에 영향을 미치는 항목들이 따로 있는데요. 카테고리와 상품명, 태그, 그리고 상품 주요 정보가 핵심입니다. 이 4가지 항목들에 대해서 자세히 알려드릴 테니, 한 번만 더 집중하고, 꼭 따라서 연습해 보시길 바랍니다.

# 1. 카테고리와 키워드 매칭

앞서 일반적인 상품 등록 방법에 대해서는 알려드렸는데, 이제 상위
노출과 연관된 중요한 항목을 별도로 이야기해볼게요. 그중에서 첫 번
째는 카테고리이고요. 카테고리와 키워드를 매칭해야 한다는 것은 이
제 아실 거예요.

여기서 또 하나의 포인트는 내가 등록하려고 하는 상품의 카테고리
가 2개 이상일 수 있는데요. 이러한 경우에는 전략적으로 상위노출에
유리한 카테고리를 선택해서 상품을 등록하거나, 혹은 두 개 카테고리
에 각각 따로 상품을 등록하는 방법이 있습니다.

햄프씨드오일 vs 대마종자유

제가 판매하고 있는 아이템 중에서 '햄프씨드오일'이 있습니다. 이 키워드는 기타 오일 카테고리와 매칭이 되는데요. 키워드를 수집화는 도중에 '대마종자유'라는 키워드가 있다는 것도 발견했는데, 신기하게 '기타건강보조식품'이라는 카테고리에 매칭이 되어 있더라고요. 그럼 어떤 카테고리에 등록을 해야 할까요? 정답은 '둘 다 등록한다!'입니다.

서로 카테고리가 다르기 때문에 매칭이 되는 키워드도 달라지게 되는데요. 햄프씨드오일 메인 키워드의 조회수는 약 7천 회로 상위노출에 유리하지만 시장이 조금 작은 편이고, 대마종자유 메인 키워드의 조회수는 약 7만 회로 10배나 큰 시장이지만, 상위노출에는 조금 어려운 편입니다. 결국 이 두 가지 카테고리에 모두 상품을 등록하여 어떤 카테고리에서 매출이 나오는지 보는 것이 좋습니다. 서로 등록되는 상품명이 완전 달라지기 때문에 동일한 상품을 두 개 카테고리에 각각 등록하는 것도 문제는 없습니다.

**햄프씨드오일 상품명, 대마종자유 상품명**

# 2. 상위노출 되는 상품명 3단계 작성법

다음은 이제 가장 중요한 상품명 작성법입니다. 앞서 수집한 키워드를 활용하여 이제 상품명을 만들어볼 차례입니다. 상품명을 잘 만들어야 상위노출이 되기 때문에 가장 중요한 항목이라고 볼 수 있고요. 상품명을 작성하는 3단계 과정을 알려드릴게요.

| | A<br>키워드 | B<br>카테고리 | C<br>월 검색량 | D<br>상품량 | E<br>경쟁률 | F<br>쇼핑전환 |
|---|---|---|---|---|---|---|
| 6 | 아보카도오일효능 | 아보카도오일 | 8700 | 231 | 0.02 | 4.1 |
| 9 | 아보카도오일먹는법 | 아보카도오일 | 5410 | 166 | 0.03 | 1.9 |
| 12 | 아보카도유 | 아보카도오일 | 4350 | 3312 | 0.76 | 1.54 |
| 13 | 아보카도오일엑스트라버진 | 아보카도오일 | 3960 | 9402 | 2.37 | 3.21 |
| 14 | 아보카도오일효능 | 아보카도오일 | 3260 | 231 | 0.07 | 7.67 |
| 16 | 엑스트라버진아보카도오일 | 아보카도오일 | 3200 | 9402 | 2.93 | 2.61 |
| 17 | 아보카도오일선물세트 | 아보카도오일 | 2690 | 10768 | 4 | 4.3 |
| 20 | 아보카도오일 | 아보카도오일 | 2380 | 36927 | 15.51 | 6 |
| 21 | 아보카도오일추천 | 아보카도오일 | 2270 | 36927 | 16.26 | 4.15 |
| 23 | 아보카도오일먹는법 | 아보카도오일 | 1120 | 166 | 0.14 | 2.45 |
| 24 | 아보카도엑스트라버진 | 아보카도오일 | 1070 | 9618 | 8.98 | 2.01 |
| 25 | 아보카도오일세트 | 아보카도오일 | 940 | 12038 | 12.8 | 3.4 |
| 26 | 아보카도오일선물 | 아보카도오일 | 780 | 11531 | 14.78 | 1.56 |
| 28 | 아보카도기름 | 아보카도오일 | 590 | 3692 | 6.25 | 4.17 |
| 29 | 유기농아보카도오일 | 아보카도오일 | 570 | 1647 | 2.88 | 5.44 |
| 30 | 아후카돌 | 아보카도오일 | 470 | 267 | 0.56 | 0.09 |
| 31 | 나한나아보카도오일 | 아보카도오일 | 370 | 118 | 0.31 | 1.26 |
| 32 | 아보카도오일가격 | 아보카도오일 | 250 | 37366 | 149.46 | 9.11 |
| 34 | 냉압착아보카도오일 | 아보카도오일 | 220 | 2070 | 9.4 | 6.05 |
| 35 | 아보카도유선물세트 | 아보카도오일 | 210 | 12434 | 59.2 | 7.75 |
| 36 | 산루카스 | 아보카도오일 | 160 | 646 | 4.03 | 0.26 |
| 37 | 아보카도엑스트라버진오일 | 아보카도오일 | 150 | 9803 | 65.35 | 4.43 |
| 38 | 네쮸라 | 아보카도오일 | 150 | 29616 | 197.44 | 3.39 |
| 39 | 멕시코아보카도오일 | 아보카도오일 | 140 | 519 | 3.7 | 4.34 |
| 40 | 초손푸드 | 아보카도오일 | 140 | 2202 | 15.72 | 1.01 |

수집한 키워드 리스트

## ① 1단계 - 키워드 제외하기

우선 상품명을 만들기 위해 수집한 키워드 중에서 사용할 수 없는 키워드를 먼저 제외해야 합니다. 일단 카테고리와 매칭이 되는 키워드만 사용할 수 있기 때문에, 아보카도오일 외 카테고리는 전부 제외합니다. 검색해도 노출되지 않는 키워드이기 때문에 사용할 필요가 없거든요.

### a. 타 카테고리 키워드 제외

- 코스트코(일반빵)

- 아보카도(아보카도)

- 아보카도먹는법(아보카도)

- 오일(올리브유)

- 엑스트라버진(올리브유)

- 1L(생수)

- 엑스트라(올리브유)

- 기름(기타기름)

- 500ML(생수)

- 버진(올리브유)

- 1개(랩)

- 250ML(기타탄산음료)

- 서울랩스(오메가3)

- 냉압착(올리브유)

그리고 나머지 키워드 중에서도 브랜드명이 들어간 키워드를 제외해줘야 해요. 브랜드 키워드는 상표권이 있을 수 있기 때문에 사용하지 않는 것이 좋습니다. 상표권이 없는 키워드는 법적으로는 사용이 가능하지만, 언제 상표권 등록이 될지 모르고 소비자에게 혼란을 줄 수 있기 때문에 굳이 사용하는 것을 추천하지는 않습니다.

### b. 브랜드명 키워드 제외
- 아후카틀
- 나한나아보카도오일
- 산루카스
- 네츄라
- 초슨푸드

마지막으로 내 제품과 직접적인 연관이 없는 키워드도 제외해줘야 해요.

### c. 연관 없는 키워드 제외
- 유기농아보카도오일

이렇게 하면 최종적으로 상품명에 사용할 수 있는 키워드가 정해집니다.

| | A | B | C | D | E | F |
|---|---|---|---|---|---|---|
| 1 | 키워드 | 카테고리 | 월 검색량 | 상품량 | 경쟁률 | 쇼핑전환 |
| 6 | 아보카도오일효능 | 아보카도오일 | 8700 | 231 | 0.02 | 4.1 |
| 9 | 아보카도오일먹는법 | 아보카도오일 | 5410 | 166 | 0.03 | 1.9 |
| 12 | 아보카도유 | 아보카도오일 | 4350 | 3312 | 0.76 | 1.54 |
| 13 | 아보카도오일엑스트라버진 | 아보카도오일 | 3960 | 9402 | 2.37 | 3.21 |
| 14 | 아보카도오일효능 | 아보카도오일 | 3260 | 231 | 0.07 | 7.67 |
| 16 | 엑스트라버진아보카도오일 | 아보카도오일 | 3200 | 9402 | 2.93 | 2.61 |
| 17 | 아보카도오일선물세트 | 아보카도오일 | 2690 | 10768 | 4 | 4.3 |
| 20 | 아보카도오일 | 아보카도오일 | 2380 | 36927 | 15.51 | 6 |
| 21 | 아보카도오일추천 | 아보카도오일 | 2270 | 36927 | 16.26 | 4.15 |
| 23 | 아보카도오일먹는법 | 아보카도오일 | 1120 | 166 | 0.14 | 2.45 |
| 24 | 아보카도엑스트라버진 | 아보카도오일 | 1070 | 9618 | 8.98 | 2.01 |
| 25 | 아보카도오일세트 | 아보카도오일 | 940 | 12038 | 12.8 | 3.4 |
| 26 | 아보카도오일선물 | 아보카도오일 | 780 | 11531 | 14.78 | 1.56 |
| 28 | 아보카도기름 | 아보카도오일 | 590 | 3692 | 6.25 | 4.17 |
| 29 | 유기농아보카도오일 | 아보카도오일 | 570 | 1647 | 2.88 | 5.44 |
| 30 | 아후카틀 | 아보카도오일 | 470 | 267 | 0.56 | 0.09 |
| 31 | 나한나아보카도오일 | 아보카도오일 | 370 | 118 | 0.31 | 1.26 |
| 32 | 아보카도오일가격 | 아보카도오일 | 250 | 37366 | 149.46 | 9.11 |
| 34 | 냉압착아보카도오일 | 아보카도오일 | 220 | 2070 | 9.4 | 6.05 |
| 35 | 아보카도유선물세트 | 아보카도오일 | 210 | 12434 | 59.2 | 7.75 |
| 36 | 산루카스 | 아보카도오일 | 160 | 646 | 4.03 | 0.26 |
| 37 | 아보카도엑스트라버진오일 | 아보카도오일 | 150 | 9803 | 65.35 | 4.43 |
| 38 | 네츄라 | 아보카도오일 | 150 | 29616 | 197.44 | 3.39 |
| 39 | 멕시코아보카도오일 | 아보카도오일 | 140 | 519 | 3.7 | 4.34 |
| 40 | 초손푸드 | 아보카도오일 | 140 | 2202 | 15.72 | 1.01 |

최종 키워드 리스트

## ② 중복 키워드 제거하기

상품명은 50자 이내로 만들어야 하기 때문에 수집한 키워드를 모두
나열하여 쓸 수는 없습니다. 하지만 상품명 작성 규칙을 이해한다면
충분히 많은 키워드를 상품명에 사용할 수 있는데요. 상품명은 띄어쓰
기를 기준으로 키워드와 키워드가 결합되는 특성을 가지고 있습니다.
따라서 띄어쓰기를 활용하여 수집한 각 키워드에서 중복이 되는 키워
드를 제거하면 충분히 50자 이내에 많은 키워드를 넣을 수 있습니다.

### ◆ 규칙

a. 띄어쓰기를 활용하여 중복된 키워드를 제거한다.

b. 제거할 때는 반드시 띄어쓰기 전/후의 상품 수가 같은지 확인해

야 한다.

c. 오타 키워드도 마찬가지로 전/후의 상품 수가 같은지 확인 후 제거한다.

◆ 상품명 작성 예시

## a. 중복 키워드 제거 전

상품명: 아보카도오일 아보카도오일효능 아보카도오일먹는법 아보카도유 아보카도오일엑스트라버진 아보카드오일효능 엑스트라버진아보카도오일 아보카도오일선물세트 아보카드오일 아보카도오일추천 아보카도오일먹는법 아보카도오일발연점 아보카도오일보관 아보카도오일요리 아보카도오일파스타

## b. 중복 키워드 제거 후

상품명: 아보카도오일 효능 먹는법 아보카도유 엑스트라버진 선물세트 발연점 보관 요리 파스타

중복 키워드를 제거하기 전에는 키워드 23개를 쭉 나열해 보니 총 141자(공백 포함)가 되었습니다. 하지만 규칙대로 중복되는 '아보카도', '오일', '엑스트라버진' 등의 키워드를 띄어쓰기를 활용하여 1번씩만 입력해주고, '아보카드'라는 오타 키워드도 새로운 키워드가 아니기 때문에 제거해 주고 나니, 공백 포함하여 총 45자가 되었습니다.

이렇게 띄어쓰기를 활용하면 상품명에 굉장히 많은 수의 키워드를 입력할 수 있는데요. 주의할 점은 '아보카도오일' 키워드를 '아보카도'와 '오일'로 띄어쓰기를 활용하여 분리를 했는데, 이 경우 '아보카도오일' 키워드와 '아보카도오일' 키워드로 각각 검색을 해서 상품 수가 같은지 확인을 해봐야 합니다. 대부분은 같은 키워드로 인식이 되지만, 일부 같지 않은 키워드로 인식되는 경우도 있습니다. (ex. '꽃갈비살'와 '꽃 갈비살')

**꽃갈비살 vs 꽃 갈비살**

### ③ 키워드 재배치

마지막으로 이제 살아남은 키워드를 재배치해야 합니다. 재배치를 해야 하는 이유는 중요 키워드를 조금 앞쪽에 배치하고, 중복된 키워드를 제거하면서 단어와 단어의 순서가 앞뒤로 바뀌는 경우도 있기 때문입니다. 그리고 상품명이다 보니 가능하면 전체적으로 비슷한 느낌의 키워드를 적절히 배치하여 전체 상품명 자체가 자연스럽게 보이도록 하는 것도 좋습니다.

**♦ 규칙**

a. 메인 키워드를 맨 앞에 배치한다.

b. 중요한 키워드일수록 앞쪽에 배치한다.

c. '단어' + '단어'의 결합인 경우, 반대로 써도 되는지 확인한다.

중복 제거 전 키워드 중에서 '아보카도오일엑스트라버진'과 '엑스트라버진아보카도오일'이라는 2개의 키워드가 있었습니다. 중복을 제거하다 보니 '아보카도' + '오일' + '엑스트라버진' 순서로 키워드가 나열이 되었는데요. 반대로 '엑스트라버진아보카도오일'도 적용될지는 검색을 해서 상품 수를 확인해봐야 합니다.

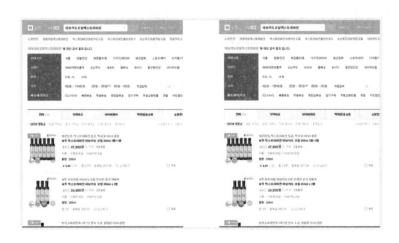

아보카도오일엑스트라버진 vs 엑스트라버진아보카도오일

다행히 상품 수가 같기 때문에 그대로 써도 무방하지만, 만약 상품 수가 다르게 나왔다면 아보카도오일 키워드 앞쪽에 엑스트라버진 키워드를 한 번 더 써야 합니다.

**a. 재배치 전**

상품명: 아보카도오일 효능 먹는법 아보카도유 엑스트라버진 선물세트 발연점 보관 요리 파스타

**b. 재배치 후**

상품명: 아보카도오일 엑스트라버진 아보카도유 먹는법 효능 발연점 보관 요리 파스타

이렇게 상품명을 작성한다면 최대한 많은 키워드로 내 제품을 검색하게 할 수 있고, 상위노출에도 유리한 위치를 차지할 수 있습니다. 여기서 좀 더 중요한 키워드를 중심으로 순위를 높이고 싶다면, 이제 알려드릴 태그를 활용하시면 됩니다.

# 3. 상품명보다 더 중요한 태그 작성법

태그는 상품명에 다 넣지 못한 키워드를 입력하는 영역입니다. 즉, 태그에 넣은 키워드도 검색이 된다는 것이죠. 그래서 태그를 잘 활용할수록 더 많은 키워드로 노출시킬 수 있고요. 상품명의 키워드 중에서 태그로 이동할 수 있는 키워드는 옮겨서 상품명의 글자 수를 조금 줄여주는 게 상위노출에 유리한 방법입니다.

**◆ 규칙**

a. 태그 사전에 등록되어 있는 키워드만 사용한다.

b. 상품명의 키워드와 태그의 키워드가 '단어' + '단어'로 결합될 수 있다.

**태그 입력 예시**

태그는 키워드를 입력하면 괄호 안에 숫자가 표기되는 키워드가 있는데, 이를 태그 사전에 등록된 키워드라고 합니다. 이렇게 등록되어 있는 키워드만 검색이 가능하며, 등록되어 있지 않은 키워드는 검색되지 않으니 사용할 수 없습니다.

그리고 상품명의 키워드와 태그의 키워드는 결합하여 새로운 키워드로 검색이 됩니다. 예시와 같이 '발연점(1871772)' 키워드는 상품명에 있는 '아보카도오일'과 결합하여, '아보카도오일발연점' 키워드로 검색되기 때문에 상품명에 적었던 '발연점' 키워드를 태그로 이동할 수 있습니다. 동일한 방법으로 '엑스트라버진' 키워드도 태그로 이동이 가능합니다.

◆ 태그 이동 후

a. 상품명: 아보카도오일 아보카도유 먹는법 효능 보관 요리 파스타
b. 태그: 발연점, 엑스트라버진

# 4. 의외로 중요한 상품 주요 정보 입력하기

마지막으로 상위노출과 연관된 영역이 바로 상품 주요 정보입니다. 상품 주요 정보 내 브랜드와 제조사는 필수적으로 입력하셔야 하는데, 상품명에 넣은 브랜드명과 제조사명보다는 이곳에 입력란에 넣은 키워드가 우선적으로 노출되기 때문입니다. 그 외 상품 속성은 가능하면 모든 항목을 최대한 입력하는 것이 좋습니다.

**상품 속성 화면**

상품 속성을 많이 입력해야 하는 또 다른 이유는, 네이버 쇼핑 검색 화면에서 특정 항목별로 필터링할 수 있기 때문입니다. 예를 들어 아보카도오일의 경우 용량 단위로 필터링 항목이 있구요. '~0.5L'로 필터를 적용하면 전체 37,000여 개의 상품 중에서 단 2,038개의 상품만 나오는데요. 이유는 상품 주요 속성에서 용량 항목을 입력한 상품이 많지 않기 때문입니다.

　내 제품이 250ml라고 자동으로 필터링 되어 노출되는 것이 아니라, 상품 주요 속성에 입력한 상품만 검색된다는 것 꼭 기억하셔야 합니다. 대부분 판매자들이 이런 것들을 사소하게 생각하고 간과하기 때문에, 내 상품은 반드시 입력을 해야 조금 더 상위노출에 있어서 유리하게 됩니다.

네이버 쇼핑 ~0.5L 필터링 화면

# 04
# 상품 등록 시 주의할 점

    대부분은 상품을 등록할 때 별문제 없이 정상적으로 등록되는데요. 일부는 잘못된 정보를 습득하기도 하고, 다른 상품을 따라서 하기도 하고, 혹은 임의로 상품을 등록하다가 문제가 생기는 경우가 종종 있습니다. 그리고 상품을 등록할 때는 괜찮았는데(사실 운이 좋아서 걸리지 않는 경우가 있거든요), 누군가의 신고로 뒤늦게 상품이 삭제되는 케이스도 종종 있습니다.

    주로 문제가 되는 케이스들을 몇 가지 정리하여 알려드릴 테니, 꼭 알고 계셨다가 문제가 생기더라도 잘 대처하시면 좋겠습니다.

# 1. 이렇게 하면 상품 삭제돼요!

　상품을 등록한 후 갑자기 내 상품이 노출이 안 되거나, 잘 판매하고 있던 상품도 갑자기 삭제되는 경우가 있어요. 상품 작성 규칙을 위반하는 경우 이렇게 임의로 삭제되기도 하는데요. 영구 삭제되는 건 아니고 임시로 삭제되는 것이라서 규칙에 맞게 수정을 하면 다시 복구될 수 있으니 너무 걱정하지 않아도 됩니다.

　그럼 어떤 경우에 삭제되는지, 가장 많이 실수하는 케이스를 몇 가지 알려드릴게요.

### ① 썸네일 이미지에 넣으면 안 되는 것

잘못된 썸네일 이미지 예시

◆ 예시

a. 텍스트(한글, 영문, 숫자 포함)

b. 수상경력, 인증마크 등

c. 이벤트, 할인 등

d. 제품과 관계없는 이미지

최근 전반적으로 깔끔한 단색 배경 또는 배경 없는 누끼상품 이미지만 넣는 방향으로 가고 있습니다. 그래서 불필요한 텍스트나 이미지, 마크 등을 넣을 경우 삭제될 수 있으니 주의하셔야 합니다. 단, 브랜드 로고와 모델 이미지는 썸네일에 넣을 수 있습니다. 그리고 구매 시 함께 제공되는 사은품의 이미지도 넣을 수 있으니 참고하시면 좋습니다.

### ② 판매가가 다른 여러 옵션이 있는 경우

판매가가 동일하면서 다양한 사이즈나, 컬러 등의 옵션 상품이 있는 경우는 문제가 없습니다. 하지만 옵션별로 수량이 늘어나면서 가격이 올라가는 경우나, 모음전 상품인데 옵션별로 가격이 다른 경우에는 주의하셔야 합니다.

신라면 모음전 예시

이런 옵션 상품들을 운영한다고 하면 첫 번째 옵션 상품을 기준으로 썸네일 이미지와 상품명 정보를 넣으셔야 하는데, 그 이유는 표기되는 판매가 금액이 첫 번째 옵션 기준이기 때문이에요.

예를 들어 농심 라면 모음전을 판매한다고 했을 때, 신라면이 1,000원이고 짜파게티는 1,200원이라고 해볼게요. 그럼 상품명에는 농심 신라면이라고만 넣어야 하고 짜파게티는 쓰면 안 되고요. 썸네일 이미지에도 신라면 이미지만 넣고 짜파게티 이미지는 넣으면 안 됩니다.

그 이유는 이 상품의 판매가가 1,000원이라고 표기되기 때문에, 1,200원짜리 상품인 짜파게티의 이미지를 넣거나 상품명에 표기하는 경우 짜파게티도 1,000원으로 오인할 수 있기 때문입니다. 원칙상은 무조건 첫 번째 옵션만 표기가 가능하나 가격이 같으면 두 번째나 세 번째 옵션도 표기가 가능해요.

◆ 예시

a. 농심 라면 모음전(X)

b. 농심 신라면 모음전(X)

c. 농심 신라면(O)

d. 농심 신라면 외 1종(O)

## 2. 상품 옵션 입력할 때 조심하세요

스마트스토어는 상품 옵션별로 판매가를 설정하는 게 조금 까다로운 편인데요. 타 오픈마켓은 직관적으로 옵션별로 판매가를 각각 넣게 되어 있지만, 스마트스토어는 '기본 판매가'라는 항목이 있어서, 각 옵션에 입력하는 금액은 '옵션 추가 금액'이 됩니다.

따라서 실제 판매가는 '기본 판매가' + '옵션 추가 금액'이 되거든요. 예를 들어 신라면이 1,000원이고, 짜파게티가 1,200원이면 판매가에 '1,000원'을 입력하고 신라면 옵션가에는 0원, 짜파게티 옵션가에는 200원을 입력하면 됩니다.

**상품 옵션 입력 예시**

만약 할인 판매를 한다고 하면, 판매가와 할인 금액을 입력하면 자동으로 판매가에서 할인 금액을 뺀 '할인가'가 최종 판매가로 정해집니다. 예를 들어 신라면이 1,500원인데 500원 할인해서 1,000원에 팔고 있다고 하면, 판매가에 1,500원을 넣고 할인 금액에 500원을 넣으면 최종 판매가가 1,000원으로 계산이 됩니다.

**신라면 블랙 예시**

여기서 옵션 상품이 여러 가지가 있는 경우 간혹 문제가 되기도 하는데요. 예를 들어 신라면 블랙 옵션 상품의 가격이 2,000원인 경우, 판매가가 1,000원이기 때문에 옵션가에는 1,000원을 넣으면 되는데요. 실제로는 1,000원이 입력되지 않습니다.

이유는 스마트스토어에서 옵션가에 넣을 수 있는 금액에 제한을 걸어났기 때문인데요. 할인 전 판매가를 기준으로 +- 50% 범위에서만 입력이 가능합니다. 따라서 이 상품의 경우 할인 전 판매가가 1,500원 이기 때문에 옵션 상품의 옵션가 입력 범위는 -750원에서 +750원 사이 금액만 넣을 수 있습니다.

**할인 전 판매가 수정**

그럼 신라면 블랙 상품은 어떻게 입력해야 할까요? 첫 번째는 상품을 분리해서 새로 상품을 등록하는 방법이 있고요. 두 번째는 할인 전 판매가를 2,000원으로 올리면 됩니다.

신라면 블랙의 옵션가를 1,000원으로 입력해야 하기 때문에, 이 2배인 2,000원 이상으로 판매가를 조정하면 가능하거든요. 이런 경우 할인 전 판매가를 2,000원으로 하고 할인 금액을 1,000원으로 조정해야 하고요. 그럼 최종 판매가는 동일하게 1,000원이 됩니다.

대신 할인율이 기존 33%에서 50%로 올라가게 되는데요. 어쩔 수 없이 감수해야 할 부분입니다. 갑자기 할인율이 커져서 불편하다고 하면 상품을 분리해서 따로 등록하시면 됩니다.

# 3. 출고지/반품지 설정과 배송권역 설정

스마트스토어는 기본적으로 택배로 배송을 하기 때문에 상품별로 출고지를 입력해야 합니다. 그리고 배송 이후 반품이나 교환이 있을 수 있기 때문에 반품지도 입력해야 하는데요. 이때 배송권역이라는 것을 설정해야 합니다.

국내 택배의 경우 제주도와 도서산간 지역은 별도의 추가 비용을 받기 때문에, 이 부분을 따로 설정해놔야 제주도나 도서산간 지역에서 구매하는 경우 자동으로 추가 배송비를 받을 수 있습니다.

**배송비 묶음 그룹**

택배사에 따라서 제주도와 도서산간 지역의 배송비가 같은 경우는 2권역으로 설정하면 되고, 제주도 외에 도서산간 지역의 배송비가 다른 경우에는 3권역으로 설정해야 합니다. 보통은 기본 배송비 외에 제주도는 3,000원, 도서산간은 5,000원의 택배비가 추가되기 때문에 이 설정을 반드시 해두셔야 합니다. 도서산간의 경우 자동으로 네이버에서 가지고 있는 DB를 이용해서 적용되기 때문에 지역을 따로 설정하지는 않습니다.

# Part
# 5

# 마케팅과 판매 전략

마케팅에서 공식처럼 이야기하는 것 중에 '차별화 없이는
매출도 없다'라는 말이 있습니다.
그만큼 차별화는 마케팅에 있어 기본 중의 기본이라고 할 수 있거든요.
스마트스토어에서도 역시 경쟁력을 강화하고 매출을 늘리기 위해서는
내 제품만의 차별화 전략이 필요합니다.

# 01
# 마케팅의 기본, 차별화 전략 세우기

이번에는 상품을 잘 팔기 위한 마케팅에 대해 이야기를 해보려고 해요. 마케팅에서 공식처럼 이야기하는 것 중에 '차별화 없이는 매출도 없다'라는 말이 있습니다. 그만큼 차별화는 마케팅에 있어 기본 중의 기본이라고 할 수 있거든요.

스마트스토어에서도 역시 경쟁력을 강화하고 매출을 늘리기 위해서는 내 제품만의 차별화 전략이 필요합니다. 타깃을 뾰족하게 선정하는 방법부터, 저만의 노하우까지 모두 한번 이야기해볼게요.

# 1. 페르소나 설정하기

가장 먼저 해야 할 것은 내 상품을 구매할 만한 '타깃'을 정하는 일인데요. 보통은 타깃을 정할 때 '20대 여성' 혹은 '40대 남성' 이렇게 정하죠. 하지만 이렇게 하면 타깃층이 생각보다 많이 분산될 수 있거든요.

예를 들어 20대 여성이라는 타깃에는, 20대 초반 대학생일 수도 있고 이제 막 취업한 사회초년생일 수도 있구요. 혹은 조금 일찍 결혼했다면 기혼 여성이면서 귀여운 아이까지 낳은 육아맘일 수도 있거든요. 그럼 같은 20대 여성이라도 내 상품에 대한 타깃이 굉장히 달라질 수 있어요. 그래서 상품 판매 타깃을 정할 때는 아주 구체적으로 정하는 것이 좋습니다. 이를 마케팅 용어로 '페르소나'라고 하는데요.

♦ 페르소나

어떤 제품 혹은 서비스를 사용할 만한 목표 인구 집단 안에 있는 다양한 사용자 유형을 대표하는 '가상의 인물'.

구체적으로 내 상품의 타깃을 정해서 이 대상에게 마케팅하는 전략을 '페르소나 마케팅'이라고 합니다. 같은 제품이라도 누구에게 파느냐에 따라서 셀링 포인트(selling point)가 달라질 수 있고, 상품 구성이나 판매가, 사은품, 패키지 등도 완전 달라질 수 있거든요. 그리고 상세페이지의 말투나 화법, 폰트 크기, 컬러까지 영향을 미치기 때문에, 페르소나를 정하는 일은 내 상품을 잘 팔기 위한 최우선 과제이자 가장 중요한 요소라고 할 수 있어요.

**♦ 예시 - 아보카도오일 페르소나**

페르소나 예시(아보카도오일)

- 이름: 김정숙
- 배경: 55세 여성, 전라남도 순천에 거주, 남편과 둘이 살고 있음, 아들은 군대에 있고 딸은 서울에 있는 대학에 재학 중
- 취미: 평소 건강 상식, 또는 요리 TV 프로그램을 자주 보는 편
- 식습관: 채식 위주 요리를 좋아하며, 집에서 주로 해 먹는 편
- 건강관리: 영양제보다는 생식 위주로 건강관리를 하는 편
- 목표: 건강을 유지하며 가족들과 행복하게 지내는 것
- 도전과제: 건강에 좋은 식재료를 찾고, 균형 잡힌 식사를 준비하는 것

제가 판매하는 아보카도오일의 페르소나입니다. 이렇게 페르소나를 정하면, 이 가상의 인물 1명에게는 무조건 팔아야 한다는 마음으로 모든 방향과 전략을 집중시켜야 합니다. 구체적인 타깃 1명에게도 못 판다고 하면, 10명, 100명에게는 당연히 팔 수 없습니다.

저는 이 페르소나 마케팅 기법을 통해, 이 타깃이 좋아할 만한 사은품을 개발하고 적절한 가격대로 판매가격을 수정했구요. 이후 묶음 구성으로 할인 판매하는 전략 등을 사용하고 있습니다. 상세페이지 역시 내 제품을 선택할 때 가장 중요하게 생각하는 게 무엇인지 고민하고, 셀링 포인트를 잡아서 어필을 하자 판매량이 많이 늘어나게 되었는데요. 이러한 전략들은 뒤에서 조금 더 자세히 설명해드리겠습니다.

## 2. 팔리는 구조 만들기

　사업 혹은 내 브랜드 제품을 판매한다면, 많은 재고를 가지고 판매해야 하기 때문에 재고 리스크에 대한 부담을 가지고 계시죠. 그래서 더욱 초반에는 마진보다는 판매량에 집중해야 합니다. 저도 역시 신상품을 업로드하면 거의 손해 보지 않는 마지노선까지 1+1 할인이벤트나 쿠폰이벤트, 혹은 리뷰를 쌓기 위한 리뷰 이벤트 등에 집중하는 편이거든요.

　그 이유는 스마트스토어라는 플랫폼의 특성상 구매 건수와 리뷰가 누적되면 될수록 더 잘 팔리는 구조가 되기 때문이에요. 그래서 팔리는 구조를 만드는 데 집중하라고 말씀드리고 싶어요. 초반에는 마진보다는 꾸준히 판매되는 것에 집중해 보세요!

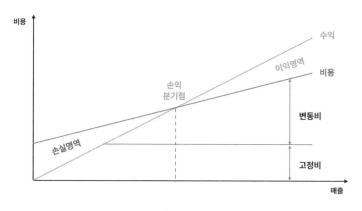

팔리는 구조 그래프

이 그래프를 이해하시면 앞으로 판매하는 데 조금 도움이 되실 거라 생각합니다. 삼성이란 대기업이 휴대폰을 출시할 때마다 엄청난 마케팅 비용을 쏟으며 홍보에 앞장서는 이유가 무엇일까요? 국내에서 구매할 수 있는 휴대폰은 삼성 혹은 애플밖에 없는데도 말이죠.

그만큼 이목을 집중시켜 초반에 판매량을 늘리고 입소문이 나면 전체 판매량이 늘어난다는 것을 알기 때문이죠. 결국 초반에는 어느 정도 광고와 마케팅 비용을 투자하면서 빠르게 수익과 비용이 같아지는 손익분기점에 도달하게 된다면, 이후부터는 적은 비용을 투자하면서도 매출은 더 늘어날 수 있기 때문에 이익은 자연적으로 늘어나게 됩니다.

이뿐만 아니라 판매량을 늘리게 되면 자연적으로 사입하는 물량이 늘어나면서 이전보다 더 낮은 단가로 매입할 수 있거든요. 그럼 자연적으로 그만큼 마진이 늘어나게 됩니다.

판매량이 많아지면 이외 박스나 택배비 등의 부자재 비용도 대량으로 구매하는 만큼 원가 절감을 할 수 있기 때문에 역시 고스란히 내 이익으로 돌아오게 됩니다. 따라서 처음에는 조금 손해가 나더라도 손해라고 생각하지 말고 마케팅 투자 비용으로 생각하고 꾸준히 팔리는 구조를 만든다면, 손익분기점을 넘어서면서부터는 자연스럽게 이익이 많이 늘어나게 될 거예요. 제가 경험한 바로는 이 방법이 가장 정석이며 큰 수익을 빠르게 만들 수 있는 구조라고 생각합니다.

◆ 마진보다 꾸준히 파는 게 중요한 이유

a. 판매량이 예측되어야 (대량)사입으로 전환이 가능하다.

b. 판매량이 확보되면 원가, 부자재, 택배비 등 절감으로 추가 마진
   이 늘어난다.

c. 구매 건수와 리뷰가 쌓이면 쌓일수록 구매 전환율은 더 올라간다.

## 3. 물레방아 돌리기 전략

간혹 저에게 "마케팅이나 광고에 비용을 얼마나 써야 해요?" "얼마 정도 투자해야 매출이 나오나요?"라는 질문을 하시는 분들이 있거든요. 근데 제가 정확히 'OO만 원 혹은 OOO만 원 정도는 쓰셔야 해요!'라는 대답을 드리지는 못해요.

왜냐하면 상품이 팔리는 것은 경쟁에서 이겨야 하는 것이고요. 경쟁에서 이기기 위한 광고나 마케팅 비용은 아이템마다 다 다를 수밖에 없기 때문이에요. 그럼에도 대략 비율로 말씀드려보면, 예상 판매량이나 매출이 있으실 텐데요. 예상 매출의 10%에서 20% 정도를 사용하시는 것을 추천드려요. 초반에 최소한 이 정도의 비용을 투자하셔서 마케팅이나 광고에 쏟으시면 매출이 나올 수 있다고 보거든요.

근데 여기서 한 가지 더 추천드리는 것은 매월 꾸준한 비용을 투자하기보다는 초반 한두 달에 집중해서 더 많은 비용을 투자하시는 거예요.

예를 들어 한 달 목표 매출이 천만 원이고 매월 백만 원씩 꾸준히

마케팅에 투자를 해보겠다고 한다면, 매월 백만 원씩 12개월을 일정하게 쓰는 것보다는 차라리 처음 두 달 동안은 매월 300만 원씩 집중해서 투자를 하고, 나머지 10개월은 50만 원씩 비용을 투자하는 것이 훨씬 효율적이라고 보거든요. 앞서 말씀드렸던 꾸준히 판매하기 위한 방법의 연장선이라고 생각하시면 좋을 것 같고요.

위 물레방아 이미지를 예로 들면, 물레방아가 돌아가기 위해서는 초반에는 많은 물이 필요합니다. 밑에서 물을 끌어올리기까지 많은 에너지가 필요하고 멈춰 있는 물레방아를 돌리기 위해서는 역시나 많은 물이 필요합니다.

하지만 물레방아가 한 번 돌아가기 시작하면 이후에는 일정량의 물이 지속 공급되면 계속해서 돌아가게 되는 거죠. 이와 같은 원리로 마케팅과 광고도 집중과 효율이 필요합니다. 물레방아를 돌린다는 생각으로 내 상품도 경쟁에서 이기도록 집중해서 한번 해보세요!

# 4. 경쟁업체 리뷰에 답이 있다!

스마트스토어에서 경쟁상품을 물리치고 내 상품을 판매하려면, 가장 먼저 '리뷰'를 분석해보는 것이 좋습니다. 특히 경쟁상품의 리뷰를 분석하면 답이 보이는데요. 마케팅의 기본은 '차별화'이기 때문에, 경쟁상품의 평이 좋지 않은 리뷰를 분석하여 이를 내 상품의 장점 혹은 특징으로 적용하면 분명 잘 팔릴 수 있습니다.

예를 들어 경쟁상품을 구매하려던 소비자가 리뷰를 보던 중에 '배송이 느리다'라는 내용이 많아서 구매를 망설이다가 결국 구매하지 않았다고 생각해볼게요. 그럼 이 소비자는 다른 상품을 둘러볼 때 가장 우선적으로 고려하는 게 '배송'일 거예요. 다른 상품 페이지를 들어가서 내용이나 리뷰를 보면서 배송이 빠른지 확인하고 만족스럽다면 구매할 확률이 높거든요.

그럼 내 상세페이지에 이런 내용들을 적극적으로 표현해 놓았다면, 내 상품의 판매량은 높아질 수밖에 없습니다. 이렇게 경쟁상품의 리뷰를 분석하여 단점을 내 장점으로 어필하는 것이 매우 중요합니다.

**리뷰 분석 예시**

저 또한 실제로 처음 판매했던 마스크 스트랩 제품이 잘 안 팔릴 때, 경쟁사의 리뷰를 통해서 답을 찾았습니다. 2020년 당시 굉장히 많이 팔리고 경쟁이 치열했던 아이템 중 하나였는데, 경쟁사의 리뷰를 봤더니 '품질', '오배송', 그리고 '느린 배송'이 이슈였거든요.

그래서 저는 이 부분을 강조하여 제 상세페이지에 중국산이 아닌 국산이라는 것과 낱개 포장으로 꼼꼼하게 포장해서 보내드리고, 배송도 직접 보내고 재고도 넉넉히 보유하고 있기 때문에 빠르다는 것을 강조했습니다.

 VS

**마스크 스트랩 포장 예시**

### ◆ 차별화 포인트

a. 품질: 중국산이 아닌 국산으로 품질이 우수하다.

b. 포장: 1개씩 낱개 포장을 하고 꼼꼼하게 검수해서 보낸다.

c. 배송: 재고 다량 보유하여 주문 시 빠르게 보내드린다.


이렇게 차별화 전략을 통해 경쟁업체의 상품보다 소비자의 니즈를 충족시켜주게 되자 거짓말처럼 판매량이 늘어나기 시작했습니다. 그리고 무엇보다 개별 1개씩 낱개 포장으로 인해 예상치 못했던 대량주문도 생기기 시작했어요. 이렇게 별거 아니지만 차별화 포인트를 찾아서 적용하면 많은 매출을 올릴 수 있습니다.

# 02
## 경쟁에서 이기는 4가지 판매 전략

경쟁은 어디서나 피할 수 없는 영역입니다. 스마트스토어 역시 경쟁에서 이겨야 내 제품이 팔립니다. 하지만 걱정하지 마세요. 제가 5년 동안 쌓아온 차별화 판매 전략 노하우를 통해서, 경쟁에서 이기는 4가지 방법에 대해서 이야기 해드릴게요.

# 1. 최저가로 판매하는 2가지 방법

경쟁에서 이기고 매출을 올리기 위해서는 무조건 1개 이상의 '차별점'이 있어야 합니다. 단순히 가격이 저렴하다고 소비자에게 선택받는 건 아니거든요. 상품에 따라서는 가격이 저렴하면, '저렴한 이유가 있겠지?'라고 생각할 수도 있고 상품을 받고 나서 맘에 들지 않으면 '역시, 저렴한 건 품질이 안 좋아'라고 생각할 수도 있어요. 따라서 상품의 종류나 퀄리티에 따라서 무조건 저렴하게 파는 게 아닌 제값으로 파는 게 중요합니다.

그럼에도 온라인이라는 특성상 저렴하게 상품을 구매한다라는 인식이 있는 것도 사실입니다. 여기서는 최저가로 판매하는 방법을 알려드릴 건데요. 최저가로 판매하는 방법에는 2가지가 있습니다. 첫 번째는 우리가 알고 있는 가격을 '최저'로 낮춰서 판매하는 방법이 있구요. 두 번째는 상품의 '가치'를 현재 판매가 이상으로 높여서 판매하는 방법이에요.

우리는 이 두 번째 방법에 집중을 해볼게요.

가격을 '최저가'로 낮춘다

상품의 '가치'를 현재 판매가 이상으로 높인다

가치
어필

사은품
제공

할인
제안

**최저가로 판매하는 2가지 방법**

똑같은 상품, 혹은 비슷한 상품을 검색해보면 가격대가 참 다양한 것을 볼 수 있어요. 어떤 상품은 9,900원에 팔지만, 다른 상품은 14,900원에 팔기도 하고, 또 다른 상품은 19,900원에 팔기도 하죠. 근데 재밌는 건 19,900원짜리 가장 비싼 상품도 구매 건수가 몇천 개나 되고, 리뷰도 역시 몇천 개씩 쌓여있는 것을 볼 수 있죠. 그럼 소비자들은 이걸 보고 어떻게 생각할까요? 아마 '비싼 건 다 이유가 있을 거야. 이렇게 많은 사람이 구매했으니, 분명 좋은 상품일 거야!'라고 생각할 가능성이 큽니다.

그럼 이 상품은 어떻게 이렇게 비싸게 팔 수 있는 것일까요? 바로 상품의 '가치'를 끌어올렸기 때문입니다. 가치를 끌어올리는 방법에는 3가지 정도가 있는데요. 첫 번째는 가치를 어필하는 방법이고, 두 번째는 사은품을 제공하는 방법이며, 세 번째는 할인을 제안하는 방법이 있습니다.

비슷한 제품인 거 같은데 잘 팔리는 상품의 상세페이지를 보면 굉장히 내용도 길고 장점을 많이 어필해놓은 것을 볼 수 있는데요. 여기에 이벤트도 많이 하고 할인과 사은품도 제공해 줍니다. 이런 것들이 상품의 가치를 높이면서 고객을 끌어당기는 방법이라고 할 수 있구요. 똑같은 제품이라도 이렇게 가치를 끌어올리면, 최저가 경쟁을 하지 않고 제값을 받고 판매할 수 있습니다.

**15,900원**          **14,900원**

<판매 1위>          + 3,000원 상당 귀리쌀 증정

**가치를 올려 판매하는 방법(귀리쌀)**

실제로 제가 판매하는 아보카도오일도 사은품을 제공하면서 가치를 끌어올린 케이스입니다. 아보카도오일은 건강을 위해 구매하는 고객층이 많은 제품으로, 저가보다는 오히려 고가의 제품이 잘 팔리고 있었는데요. 당시 가장 판매가가 높았던 15,900원짜리 제품의 판매량이 1위였습니다.

그래서 저도 가격대를 14,900원으로 높이면서 3,000원 상당의 귀리쌀을 사은품으로 제공하는 마케팅을 했었습니다. 귀리쌀은 아보카도오일과 궁합이 잘 맞는 사은품이었고, 귀리쌀로 밥을 지을 때 아보카도오일 1숟가락을 함께 넣으면 밥이 찰지고 건강에도 좋다는 내용을 어필했습니다.

사은품을 주기 전까지는 1위 제품에 비해 판매량과 리뷰 수에서도 격차가 컸기 때문에, 소비자들이 제 상품을 선택할 가능성이 매우 낮았습니다. 하지만 귀리쌀을 사은품으로 제공하면서부터 제 상품을 선택할 '이유'가 생긴 것이죠. 사은품으로 제공하는 귀리쌀의 판매가는 3,000원 상당이지만, 실제로 원가는 더 낮아서 적은 비용을 투자하여 큰 효율을 올리는 마케팅 방법이었습니다.

## 2. 판매 수량을 늘릴 것인가? 객단가를 늘릴 것인가?

내 상품이 어느 정도 판매가 되기 시작하면 다음 고민은 2배, 3배, 5배 더 많이 판매량을 늘리기 위한 방향으로 바뀌게 됩니다. 하지만 하루에 2~3개 혹은 4~5개 판매하는 상품을 하루에 10~20개 혹은 40~50개 정도로 판매량을 급격하게 늘리는 것은 쉽지 않은데요.

물론 단기간에 이벤트를 통해서 늘리는 것은 가능하지만, 일 평균으로 매일 5~10배 정도의 판매량을 늘리는 건 어렵더라고요. 그 이유는 시장의 규모가 정해져 있기 때문에 갑자기 시장이 커지지 않는 이상 우리는 다른 방향으로 접근해야 합니다.

저 역시 아보카도오일의 판매량을 한 달에 500건까지 늘렸는데요. 그럼에도 판매되는 아보카도오일의 수량은 500~600병 수준이었습니다. 왜냐하면 대부분 1병씩 구매를 했기 때문입니다. 아무래도 당시에는 널리 알려지지 않은 생소한 제품이기도 했고, 1병씩 재구매를 하는 수요층은 있지만, 대량으로 구매하는 아이템은 아니었습니다.

하지만 지금은 한 달에 판매량이 2,000~3,000병까지 늘어나게 되었는데요. 그렇다고 제가 2,000~3,000명에게 판매하는 것은 아니고, 한 명에게 판매를 할 때 4병 혹은 8병씩 묶음 구성으로 판매한 결과입니다. 시장 규모가 정해져 있는 곳에서 매출을 많이 올리기 위해서는 반드시 묶음 판매가 필요합니다.

옵션1
(1병)

판매가 : 15,900원 + 배송비 2,500원 (병당 18,400원)
+ 사은품(귀리쌀)

옵션2
(4병)

판매가 : 59,600원 (병당 14,900원)
+ 사은품(귀리쌀) + 무료배송 + 사은품(9,900원 상당)

옵션3
(8병)

판매가 : 111,200원 (병당 13,900원)
+ 사은품(귀리쌀) + 무료배송 + 사은품(29,700원 상당)

**묶음 판매 예시(옵션별 혜택)**

묶음 판매를 위해서는 상품 옵션을 다양하게 만들어야 하는데요. 기존 1병씩 판매하는 옵션밖에 없었지만, 현재 4병 옵션과 8병 옵션이 있습니다. 물론 초창기에는 2병, 6병, 10병 등의 옵션도 만들어서 테스트를 해봤는데요. 최종적으로 반응이 좋았던 옵션만 남기고 전략으로 이렇게 3가지의 옵션만 운영하고 있습니다.

여러분은 이렇게 3가지 옵션 구성이 있다고 하면, 어떤 옵션의 상품을 구매하실 건가요?

왠지 1병짜리 옵션을 구매하기에는 조금 비싸고 손해 보는 느낌이고, 8병짜리 옵션은 혜택은 가장 좋지만 4병짜리와 그렇게 큰 차이는 나지 않으면서 10만 원이 넘어가는 판매가로 조금은 부담스러우실 텐데요. 4병짜리 옵션을 구매하는 게 가장 가성비 있고 현명한 선택이라고 판단하시지 않으셨나요?

이렇게 옵션을 만들 때는 다양하게 만들어놓고 고객의 선택 폭을 넓

혀주는 것이 아니라, 옵션 중에서 주력 옵션을 하나 선택하여 무조건 그 옵션을 고객이 선택하도록 유도하는 것입니다.

저는 이 3가지 옵션 구성을 만들면서 1병짜리 옵션을 팔지 않겠다는 것을 의도했고, 8병은 팔리면 좋지만 안 팔려도 그만이야라는 것을 의도했습니다. 그리고 마케팅 관점에서 우리나라 사람들은 가운데 있는 것을 선택하는 확률이 높기 때문에, 4병짜리 옵션 선택을 유도하기 위해서 8병짜리 옵션을 만든 이유도 있습니다.

그리고 1병짜리와 4병짜리의 혜택 차이를 크게 두어 1병짜리는 사면 손해라는 의도를 담고 있구요. 무조건 4병짜리 옵션을 구매하도록 혜택을 가장 강력하게 몰아주었습니다. 이렇게 옵션을 구성하고 나니 구매한 고객 10명 중 7~8명은 제 의도대로 4병짜리 옵션을 구매한 결과가 나왔습니다.

그렇다 보니 이전 월 500병을 판매할 때처럼 구매자 수는 크게 늘지 않았지만, 판매량은 4배 이상 늘어난 결과가 나왔고, 매출도 3배 이상 껑충 뛰게 되었습니다.

요즘에는 오프라인에서도 코스트코와 트레이더스 같은 창고형 매장에서 고객들이 많이 구매를 하는데, 그 이유가 바로 대량으로 구매하고 저렴하게 할인받는 것을 알고 있기 때문입니다. 따라서 온라인에서 판매할 때도 묶음 판매로 가격 할인과 사은품 혜택을 준다면, 고객들도 낯설지 않게 묶음 상품을 구매할 것입니다.

## 3. 타깃에 따라 사은품도 달라져야 한다

사은품을 제공하는 마케팅은 굉장히 효과적입니다. 상품을 구매할 때 추가로 무언가를 받을 수 있다는 것은 고객 입장에서는 구매를 결정하는 데 큰 요소로 작용하거든요. 하지만 사은품을 주더라도 아무거나 주는 것보다는 타깃층에 맞는 사은품을 고민하여 좋아할 만한 것을 주는 것이 좋습니다.

**사은품 예시(귀리쌀, 톡톡)**

일반적으로 타깃층의 연령대가 조금 높은 경우는 실용적인 사은품을 선호하는 편이고, 제품을 사용하는 데 있어 직접적으로 연관된 사은품도 좋습니다. 그리고 타깃층의 연령대가 조금 낮은 편이거나 여성인 경우, 디자인적으로 예쁜 것을 선호하는 편입니다. 이렇게 타깃층에 맞는 사은품을 선택하는 게 좋은데요.

예를 들면, 딸기청이나 단백질 파우더 같은 제품을 판매한다면 이를 타 먹을 수 있는 텀블러 같은 것을 사은품으로 주면 좋고요. 머리띠와 같은 액세서리를 판매한다면 함께 착용할 수 있는 머리핀이나 머리끈, 또는 담을 수 있는 파우치 같은 사은품도 좋을 것 같습니다.

저 역시 아보카도오일을 판매할 때 지퍼백에 귀리쌀을 담아서 제공하거나 1회용으로 제작된 아보카도오일 스틱형 제품을 사은품으로 선택했었고요. 최근에 출시한 영양제의 경우 타깃층이 젊은 여성이라서 약통 케이스부터 사은품으로 제공한 휴대용 케이스까지 전부 예쁜 디자인의 케이스를 찾는 데 주력했습니다. 이렇게 사은품을 제공할 때는 타깃층의 성향을 고려하는 것이 필요합니다.

# 4. 패키징과 선물상자로 대량주문 받는 법

한 번에 내 상품을 50개, 100개씩 판매할 수 있다면 얼마나 좋을까요? 1건 판매할 때마다 고정적으로 마케팅 비용이 들기 때문에, 한 번에 여러 개를 팔 수 있다면 비용 대비 매출을 많이 끌어올릴 수 있습니다. 그리고 장기적으로 봤을 때도 매출을 늘리기 위해서는 대량 구매가 일어나는 것이 필수입니다. 그럼 대량 구매를 만들려면 어떻게 해야 할까요?

우선 제품 패키징이 누군가에게 나눠줄 수 있을 정도로 갖춰져 있어야 합니다. 가능하면 선물용 상자로 제작되어 있으면 더 좋고요. 하지만 선물상자는 제작하는 데 비용이 꽤 많이 들기 때문에 굳이 선물상자가 아니어도 좋습니다. 선물을 줄 수 있을 정도로만 갖춰져 있으면 문제없습니다. 중요한 것은 일단 대량 구매가 가능하도록 세팅이 되어 있어야 한다는 것입니다.

**히말라야 핑크솔트 선물세트**

역시나 제 상품 중 하나를 예로 들면, 히말라야 핑크솔트 선물세트 상품이 있습니다. 이는 처음부터 답례품으로 생각하고 선물세트를 만들게 되었는데요. 답례품은 한 번에 50개, 100개, 혹은 그 이상 판매할 수 있기 때문에 굉장히 매력적입니다. 물론 그만큼 경쟁도 치열하긴 하지만요.

그럼에도 단품 상품과 비교했을 때 한 번에 많은 매출을 올릴 수 있기 때문에, 이런 상품도 가지고 있으면 내 스토어의 경쟁력도 올라갈 수 있고요. 또 다른 장점으로는 대량 구매의 경우 보통 B2B가 많기 때문에 다음에도 또 주문이 들어올 확률이 높습니다. 제 경우도 3년 동안 설날과 추석 때마다 지속해서 구매하는 거래처가 있기도 하거든요.

그럼 어떻게 해야 대량주문을 받을 수 있을까요? 대량주문의 특성을 이해하면 좋은데요. 대량주문의 경우 '가격대'와 '납기'가 굉장히 중요합니다. 선물세트, 특히 답례품의 경우는 가격대가 가장 중요한데요. 보통 구매자는 수량과 가격대를 어느 정도 정해놓고 주어진 예산 안에서 선택하기 때문입니다.

따라서 내 상품의 가격이 만 원이라면, 만 원 초반대 선물세트를 찾는 고객에게는 하나의 후보 상품이 될 수 있지만, 2만 원대나 3만 원대의 선물세트를 찾는 고객에게는 선택받을 수 없게 되는 것이죠. 따라서 선물세트나 답례품은 수량이나 조합을 다양하게 하여 다양한 가격대로 구성해 놓는 것이 훨씬 유리합니다.

### ◆ 히말라야 핑크솔트&후추 선물세트 구성 예시

- 핑크솔트 그라인더(소) : 9,900원

- 핑크솔트 그라인더(중) : 14,900원

- 흑후추 그라인더(소) : 10,900원

- 흑후추 그라인더(중) : 15,900원

- 핑크솔트 + 흑후추 혼합(A) : 19,900원

- 핑크솔트 + 흑후추 혼합(B) : 25,900원

- 핑크솔트 + 흑후추 혼합(C) : 29,900원

저는 핑크솔트와 흑후추 그라인더와 리필 파우치만 가지고 이렇게 7가지 구성을 만들고 9,900원부터 29,900원까지 다양한 가격대로 판매를 하고 있는데요. 선물상자는 1개로 동일하게 사용하면서 내부 구성만 다르게 가져가기 때문에 비용 면에서 효율을 높였고요. 다양한 가격대를 만들어서 다양한 고객에게 선택받을 수 있게 확률을 높였습니다. 이렇게 구성을 해놓으니 매일 주문이 들어오는 것은 아니지만, 일주일에 한 번 주문이 들어와도 한 번에 평균 100개씩은 판매가 되고 있습니다.

그리고 납기 또한 중요한 요소입니다. 구매자는 주로 기업이나 단체의 담당자일 확률이 높은데요. 담당자의 입장에서는 예산 안에서 선택을 하면 되고, 무엇보다 중요한 것은 정해진 일자까지 납품이 가능한 업체인지가 우선일 것입니다. 납품 사고가 나면 기업이나 단체 입장에서는 담당자가 책임을 져야 하니까요.

그래서 무엇보다 이 업체가 이런 대량 납품을 진행해본 이력이 있는지, 안정적으로 공급할 수 있는 업체인지를 주의 깊게 살펴보고 주문을 하게 되는데요. 이를 이용해서 상세페이지 등에 '납품 전문', '대량주문 문의'와 같은 내용을 넣어 놓는다면 선택받을 확률이 훨씬 높아집니다.

그리고 이런 대량주문 건을 종종 받는다면, 필수적으로 상세페이지에 어떤 업체나 단체에 납품을 했는지도 레퍼런스를 써 놓는 것이 좋습니다. 레퍼런스가 많으면 많을수록 신뢰도는 올라가게 됩니다.

# 03
# 네이버 내부 유입 마케팅

광고는 직접적으로 내 제품을 홍보할 수 있는 최고의 수단입니다. 물론 투자 비용이 들고 그만큼 매출을 효율적으로 올릴 수 있는지가 포인트죠. 스마트스토어 역시 다양한 종류의 광고 상품들이 많이 있습니다. 이 중에서 어떤 광고들이 있는지 알아보고, 어떤 광고를 해야 효과적인지도 알려드리겠습니다.

또한, 제 노하우를 바탕으로 정립한 효율적인 광고 설정법 이론도 전부 공유하겠습니다. 이번에는 광고를 한번 뽀개러 가실까요?

# 1. 네이버 광고의 종류와 과금 체계

    내 상품이 잘 팔리지 않거나 더 많은 판매를 원한다면, 광고 시스템을 활용해야 합니다. 네이버 광고 시스템은 크게 '검색광고'와 '디스플레이 광고' 두 가지로 구성되어 있습니다.

**디스플레이 광고 예시**

    디스플레이 광고는 네이버 포털 메인화면에 나오는 배너 광고처럼 일정 시간 동안 노출시키면서 정해진 비용을 지불하는 보장형 디스플레이 광고와, 네이버 앱의 뉴스, 연예, 스포츠 카테고리 상단이나 중간쯤에 나오는 배너 광고인 성과형 디스플레이 광고가 있습니다. 비용이 비싸거나 광고를 운영하는 데 노하우가 필요하기 때문에, 이런 광고가 있다는 정도만 알아두시면 됩니다.

**N** 아보카도오일          ⌨ ⌄   Q

🛍 쇼핑    💬 블로그    🖐 카페    🖼 이미지    Q 지식iN    👤 인플루언서    ▶   ❯   ⋯

**파워링크** ·'아보카도오일'관련 광고입니다. ⓘ             등록 안내

🔵 BOTO · smartstore.naver.com/botoacai 광고 ℕpay➕

**100%아보카도오일** 아후카틀 · 1분에 1병씩 판매
누적후기 50,800건 이상! 비건인증, 멕시코산 HASS품종, 엑스트라버진 오
일

| 아보카도오일 1병 | 14,900원 |
| 아보카도오일 3병 | 22,900원 |
| 아보카도오일 6병 | 49,900원 |

🔵 네츄라아보카도오일 · smartstore.naver.com/happyhrl 광고 ℕpay➕ 💬톡톡

완제품 직수입 **아보카도오일** · 순수 **아보카도오일** 착즙 **오일** · 후...
7년 판매 백만병이상 판매된 검증받은 네츄라 **아보카도오일**

| 260ml 용량 | 10,900원 |
| 510ml 용량 | 16,900원 |
| 1000ml 용량 | 24,900원 |

🔵 팔레오 · smartstore.naver.com/paleo 광고 ℕpay➕

팔레오 100% **아보카도오일**
냉압착 방식으로 추출한 엑스트라버진, 멕시코 HASS 100% **아보카도** 사
용

🔵 종근당건강공식스토어 · brand.naver.com/ckdhc 광고 ℕpay➕

종근당건강 **아보카도오일** · 홈쇼핑 매진상품 입고! · 콜레스테롤,...
100%냉압착 멕시코산 HASS품종! 주문 즉시 수확하는 엑스트라버진 아
보카도오일

인기상품     도착보장     락토핏     프로메가

**파워링크 광고 예시**

　검색광고에는 우리가 네이버 검색창에 키워드를 검색했을 때 가장
상단에 노출되는 파워링크 광고와, 네이버 쇼핑 탭에 노출되는 쇼핑검
색광고가 대표적인 광고 상품입니다. 이 외에도 블로그 등의 콘텐츠를
노출시킬 수 있는 파워컨텐츠 광고, 내 브랜드와 연관된 키워드로 검

색했을 때 배너 형태로 노출시킬 수 있는 브랜드 광고, 오프라인 매장을 운영할 때 노출시킬 수 있는 플레이스 광고 등이 있습니다.

　내 상품을 잘 판매하기 위해서는 파워링크와 쇼핑검색광고 이 두 가지를 잘 활용하면 됩니다. 이 중에서도 파워링크 광고보다는 쇼핑검색광고를 추천합니다. 그 이유는 파워링크는 네이버 스마트스토어 상품 외에도 URL만 가지고 있다면 타 오픈마켓이나 자사몰 등도 모두 광고할 수 있는 영역이기 때문입니다.

　따라서 경쟁이 상대적으로 더 치열할 수밖에 없고, 타 오픈마켓이나 자사몰을 운영하는 판매자들이 네이버에 광고할 수 있는 영역이 바로 파워링크 광고입니다. 그래서 상대적으로 효율이 더 좋은 쇼핑검색광고를 추천하며, 이 책에서도 쇼핑검색광고를 설정하는 방법을 위주로 설명하겠습니다.

**쇼핑검색광고 화면 - 통합검색(아보카도오일)**

쇼핑검색광고를 운영하면 가장 먼저 노출되는 곳은 네이버 통합검색 화면입니다. 이곳에는 총 8개의 상품이 노출되는데, 가장 위에 2자리는 광고 상품이 노출되는 영역이고, 나머지 6자리는 상품 랭킹 순서로 1~6위까지의 일반 상품이 노출되는 영역입니다. 즉, 광고 구좌와 일반 상품의 영역이 구별되어 있는 것입니다.

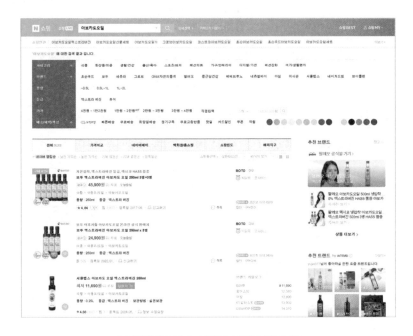

**쇼핑검색광고 화면 - 네이버 쇼핑(아보카도오일)**

그리고 네이버 쇼핑 탭에 들어가면 수많은 상품들이 노출됩니다. 우선 일반 상품이 랭킹 순으로 1위부터 40위까지 1페이지에 노출되며, 이 상품들 최상단에 24자리, 그리고 중간 24자리에 추가로 광고 상품 영역이 배치되어 있습니다. 광고 상품과 일반 상품은 구별되며, 광고 상품은 입찰가를 기준으로 광고 상품 영역에 순서대로 노출되며, 일반 상품은 상품검색 랭킹에 따라 순서대로 노출됩니다.

내 상품이 상위노출되어 1페이지에 보인다면 자연적인 판매로 이어질 가능성이 높지만, 상위노출이 아직 안 되었다면 쇼핑검색광고를 통해서 광고 구좌에 내 상품을 노출시켜야 판매로 이어질 가능성이 높아집니다. 쇼핑검색광고를 해야 하는 또 하나의 중요한 이유는, 네이버에서 광고 상품을 일반 상품보다 돋보이도록 해주기 때문에 클릭될 확률이 크다는 것입니다.

**쇼핑검색광고 상품 장점**

광고 상품은 일반 상품과 조금 다른 특징이 있습니다. 첫 번째는 썸네일 이미지 좌측 위에 조그맣게 판매량이 표기됩니다. 많이 판매되는 상품이 소비자 입장에서는 좋다고 느껴질 수 있기 때문에 일반 상품보다 유리한 상황이 될 수 있습니다.

두 번째는 상품명 위에 후킹 문구(소비자를 현혹시킬 만한 광고 문구)를 한 줄 넣을 수 있습니다. 상품명과는 다르게 비교적 큰 제한 없이 홍보 문구를 입력할 수 있기 때문에 일반 상품보다는 훨씬 더 눈에 띄게 됩니다.

마지막으로 평점과 리뷰 숫자가 붉은색 네모 테두리로 강조되어 있습니다.

이렇게 총 3가지 부분에서 광고 상품이 일반 상품보다 눈에 더 잘 띄도록 강조되어 있기 때문에, 광고 상품의 클릭률이 높아질 수밖에 없습니다. 내 상품이 노출되지 않는다면 쇼핑검색광고를 적극 활용해보는 것이 매출을 올리는 데 도움이 될 것입니다.

다음으로 광고 상품의 과금 체계에 대해서도 알려드리겠습니다. 대부분 오픈마켓은 검색광고 상품을 운영하고 있으며, CPC(Click per Cost) 방식이라는 과금 체계를 가지고 있습니다. 스마트스토어 역시 동일한 과금 체계로 운영됩니다.

CPC 방식은 상품의 구매 여부와 관계없이 일단 노출된 내 광고 상품을 클릭만 하면 비용이 발생하는 구조입니다. 예를 들어, 입찰가를 500원으로 설정하여 내 광고 상품을 노출했다고 하면, 누군가가 한 번 클릭하면 500원에 부가세 포함하여 총 550원의 광고비가 소진됩니다. 동일한 기기(IP주소 기반)에서는 중복으로 차감되지 않습니다.

이러한 과금 체계로 인해 예상보다 광고비가 많이 나올 수도 있습니다. 보통 구매 전환율이 평균 5~10%라고 보면, 10~20번 클릭했을 때 1명이 구매하는 정도 수준입니다. 따라서 광고 입찰가를 500원으로 설정했다고 하면, 5,000~10,000원 정도의 광고비를 투자해서 주문 1건을 만들 수 있다는 것입니다.

예를 들어, 10만 원의 광고비를 투자하여 총 100만 원의 매출을 올렸다면, 보통 ROAS 1,000%라고 이야기를 합니다. ROAS(Return On

Ad Spend, 광고비용 대비수익률)는 광고 수익률을 의미합니다. 1,000%라는 숫자는 꿩장히 큰 것처럼 보이지만, 매출 대비 광고비의 비중이 10%라는 의미이기 때문에 적지 않은 금액입니다.

따라서 좀 더 효율적인 광고 운영을 위해서는 광고비는 줄이면서 매출은 더 나오도록 ROAS를 높일 수 있는 전략이 필요합니다. 한편으로는 1건의 구매를 만들기 위해서 고정적인 광고비가 필요하기 때문에, 가능하면 객단가가 높은 상품이 유리하기도 합니다. 앞서 이야기한 묶음상품이 필요한 또 다른 이유이기도 합니다.

## 2. 쇼핑검색광고 세팅의 핵심

 CPC 방식 과금 체계의 쇼핑검색광고를 운영하면서 느낀 점은 예상치 못한 유입으로 불필요한 광고비용이 많이 나간다는 것입니다. 쉽게 말하면, 내 제품을 사고 싶어 하거나 관심 있는 사람들만 광고 상품을 클릭해 들어온다면, 그들이 광고비를 지불할 의향이 있지만, 그렇지 않은 사람들도 클릭하면서 불필요한 비용이 발생하게 됩니다. 이로 인해 광고 효율, 즉 ROAS(광고비용 대비수익률)가 낮게 나오는 경우가 많습니다.

 따라서 타깃층과 맞지 않는 성별, 연령대, 구매 전환율이 낮은 키워드나 시간대 등을 설정에서 제외하면 광고 효율이 올라가게 됩니다. 이런 관점에서 쇼핑검색광고를 세팅하는 방법을 설명드리겠습니다.

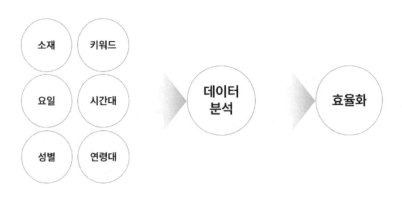

**쇼핑검색광고의 핵심**

쇼핑검색광고는 3단계 구조로 세팅됩니다: 캠페인 - 그룹 - 소재입니다. 여기서는 1개의 상품에 대해 캠페인을 만들고, 각 키워드별로 그룹을 나눈 다음, 성별과 연령대, 요일과 시간대도 함께 분리해서 세팅할 예정입니다. 이렇게 해야 광고비가 소진되면서 데이터가 각각 나뉘어 쌓이게 되고, 효율이 낮은 불필요한 구간에 대해서는 광고 운영을 부분적으로 중지할 수 있기 때문입니다.

대부분 광고 효율이 좋지 않은 이유는 1개의 상품에 대해 통째로 광고를 하기 때문입니다. 이렇게 쪼개서 세팅하고 데이터 분석 후에 효율화 작업을 하면 효율이 개선될 수밖에 없습니다.

키워드 분리

예를 들어, 어떤 상품이 있을 때, 보통 한 달 정도 운영해보고 효율이 좋지 않으면 광고 자체를 중단하는 경우가 많습니다. 하지만 광고를 조금 더 깊이 들여다보면 여러 키워드로 검색되어 광고비가 소진된 것을 확인할 수 있습니다. 이 중에는 효율이 좋았던 A 키워드와 D 키워드, 효율이 전혀 나오지 않은 B 키워드, 그리고 어중간한 C 키워드가 있을 수 있습니다.

이 경우, 키워드를 그룹으로 분리해서 세팅하면 효율이 좋지 않은 B 키워드만 광고 운영을 중단할 수 있습니다. 그러면 A와 D 키워드는 광고 효율이 좋았기 때문에 다음 달에는 높은 광고 효율을 보일 가능성이 큽니다.

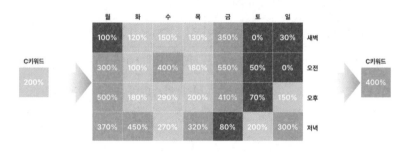

요일, 시간대 분리

또한, 효율이 애매했던 C 키워드에 대해 조금 더 자세히 들여다보면, 특정 연령대나 성별, 요일과 시간대에 따라서 효율이 좋거나 나쁜 구간들을 확인할 수 있습니다. 마찬가지로 구간을 분리해서 세팅하면, 효율이 좋지 않은 구간만 광고 운영을 중단할 수 있습니다. 이렇게 하면 C 키워드의 광고 효율이 다음 달에는 훨씬 높아질 것입니다.

이러한 세팅 방법은 매출을 극적으로 높일 수 있는 방법은 아니지만, 불필요한 광고 예산을 최대한 줄여서 효율을 높이는 세팅법입니다. 우선 이렇게 세팅한 후, 효율이 좋아지면, 절약한 광고비를 사용해 광고 입찰가를 조금 더 높여 상위 광고 구좌에 노출시킬 수 있으며, 매출도 함께 증가시킬 수 있습니다.

# 3. ROAS가 나오는 쇼핑검색광고 세팅법

그럼 이제 본격적으로 쇼핑검색광고 세팅을 같이 해볼게요. 네이버 스마트스토어센터 내 상단 메뉴에서 네이버 광고 > 검색광고를 통해 들어갈 수 있습니다. 자동으로 연동되기 때문에 따로 로그인할 필요는 없고요. 여기서 광고 플랫폼 바로가기를 누르면 관리 화면으로 들어갈 수 있어요. 여기서 광고 만들기를 눌러 광고를 만들어볼게요.

네이버 검색광고 화면

**검색광고 메인화면**

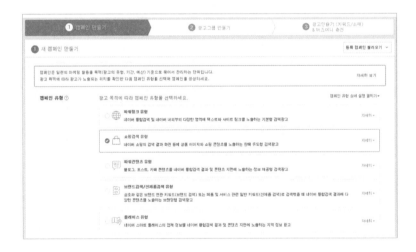

**검색광고 관리 화면**

광고 만들기를 누르면 검색광고 내에 다양한 광고를 세팅할 수 있는데요. 앞서 설명했던 파워링크, 쇼핑검색, 파워컨텐츠, 브랜드검색/신제품검색, 플레이스 광고 등을 세팅할 수 있습니다. 먼저 캠페인을 만들어야 하며, '쇼핑검색 유형' 광고를 선택해줍니다.

| 캠페인 이름 ⑦ | 쇼핑검색#01.아보카도오일 |
|---|---|

하루예산 ⑦ 하루 동안 이 캠페인에서 지불할 의사가 있는 최대 비용을 설정합니다.

50,000 원 50원에서 1,000,000,000원까지 입력 가능(10원 단위 입력)

하루예산을 입력하세요.

○ 예산을 하루 동안 시간별로 균등하게 배분합니다.
시간별 균등 배분된 예산에 따라 시스템이 자동으로 광고의 시간대별 노출 여부를 결정합니다. 도움말

○ 제한없음
⑦ 경우에 따라 예산을 초과하는 금액이 과금될 수 있습니다. 도움말

> 고급옵션 고급옵션에서는 캠페인의 기간을 설정/수정할 수 있습니다.

**캠페인 만들기 화면**

    캠페인 이름은 알아보기 쉽도록 상품 이름으로 해두면 좋습니다. 여기서는 '쇼핑검색#01.아보카도오일'이라는 이름으로 만들어볼게요. 상품이 여러 개가 있는 경우 넘버링도 같이 해주면 나중에 관리하기 편합니다. 하루 예산은 사용할 수 있는 범위 내에서 정하면 되는데, 예산이 소진되는 경우 광고가 중단되고 자정이 되면 다시 광고가 시작됩니다. 광고 예산은 보통 일 3만 원에서 5만 원 정도로 시작해보면 좋습니다. 여기까지만 하면 캠페인 세팅은 끝납니다. 저장하고 계속하기를 눌러 다음 광고 그룹 세팅으로 넘어갑니다.

**광고 그룹 만들기 화면**

그룹 유형을 쇼핑몰 상품형으로 선택하고, 광고 그룹 이름은 키워드로 만들어주면 좋습니다. 향후 각 키워드별로 광고 효율을 분석해서 일부 키워드는 중지해야 될 수도 있기 때문에, 광고 그룹을 키워드별로 나누어 줄 거예요. 여기서 광고 그룹 이름은 'A.아보카도오일'로 정해볼게요. 키워드마다 그룹을 만들어주기 때문에 그룹을 추가할 때는 'B.아보카도오일엑스트라버진', 'C.아보카도유' 이런 식으로 키워드명으로 이름을 정할 거예요.

쇼핑몰은 내 스마트스토어를 선택하면 되고요. 기본 입찰가는 그대로 둡니다. 소재 설정 화면에서도 입찰가를 설정할 수 있는데요. 여기서는 따로 설정하지 않아도 됩니다. 그리고 하루 예산은 캠페인에서 설정한 예산보다는 조금 적은 금액으로 설정해주세요.

캠페인의 하루 예산을 5만 원으로 설정했는데, 이 광고 그룹의 예산도 동일하게 5만 원으로 했을 경우, 이 광고 그룹이 일 예산 5만 원을

다 소진하게 되면 이 그룹뿐 아니라 캠페인의 하루 예산도 모두 소진했기 때문에 캠페인 밑에 있는 모든 광고 그룹의 광고가 중지되게 됩니다. 따라서 가능하면 각 광고 그룹의 하루 예산 합계 금액을 캠페인의 예산으로 해두시는 것이 좋습니다. 여기서는 1만 원으로 설정해보겠습니다. 저장 후 광고 만들기(소재) 단계로 넘어갑니다.

**광고 만들기 (소재) 화면**

중간쯤 검색하기 버튼을 누르면 내 상품의 리스트가 나옵니다. 광고에 노출할 상품을 '+ 추가' 버튼을 눌러서 선택해줍니다. 비즈머니 충전하기 버튼을 눌러 광고비를 먼저 충전합니다. 광고비는 충전된 금액 범위 내에서만 소진되기 때문에, 캠페인 하루 예산 정도를 먼저 충전해주면 좋습니다.

**비즈머니 충전하기** 도움말 ✕

| 비즈머니 잔액 | 사용 가능한 비즈쿠폰 |
|---|---|
| -320원 | 0장(0원) |
| | 비즈쿠폰으로 충전하기 |

충전 수단을 선택하세요.

**N Pay**
현금 (네이버페이 계좌 간편결제)
본인 명의 계좌만 가능

가상계좌로 직접입금
하나은행
10296940730037

신용/체크 카드

- 충전은 가상계좌로 현금 입금/ 네이버페이 계좌 간편 결제 / 신용카드 결제/ 비즈쿠폰 전환을 통해 가능합니다.
- 모바일 광고관리시스템에서도 비즈머니 충전이 가능합니다.
- 신용카드 충전 시, 최소 충전액은 100원 이상입니다. (전체 카드사 적용)
- 주의 : 경우에 따라 충전한 비즈머니의 금액이 모두 소진된 이후에도 추가적인 과금(마이너스 잔액)이 발생할 수 있습니다. 도움말
- 네이버페이 계좌 간편 결제의 한도는 1회 200만원, 1개월 누적한도는 1천만원 이며 최소 결제 금액은 1만원 이상 입니다.
- 네이버 페이 계좌 간편 결제는 본인 명의 계좌만 이용 가능합니다.
- 네이버 페이 포인트는 비즈머니 충전 결제에 사용할 수 없고, 결제 시 포인트도 적립되지 않습니다.

본 결제 시스템은 네이버 검색광고 집행을 위한, 비즈머니 충전 목적으로만 사용 가능합니다. 충전 이외의 기타 다른 목적으로 오용될 경우, 약관 위반으로 인한 불이익이 발생할 수 있으니 올바른 이용 부탁드립니다.

충전하기    취소

**비즈머니 충전하기 화면**

충전 수단은 'N Pay'와 '가상계좌입금', '신용/체크카드 결제' 이렇게 3가지 방법으로 가능하고요. 1만 원 단위로 충전할 수 있어요. 처음 검색광고를 운영하는 것이라면, 30일 동안 광고비로 사용한 금액 중 최

대 10만 원까지 지원을 해주기 때문에 적극적으로 한번 해보는 것도 좋습니다. 충전을 했으면 광고 만들기 버튼을 눌러 광고 세팅을 마무리합니다.

**소재 수정하기 화면**

**소재 수정 화면**

이제 기본 세팅은 끝이 났습니다. 하지만 각 광고 그룹별로 검색되는 키워드를 분리해야 하기 때문에, 광고 소재(상품)의 이름을 변경해 볼게요. 일반 상품과 다르게 광고 상품은 상품명을 변경할 수 있거든요. 참고로 썸네일 이미지도 변경할 수 있어요. 소재에 있는 '상세보기' 버튼을 누릅니다. 이후 우측 상단에 '수정' 버튼을 누르고요. 노출용 상품명 항목에서 상품명을 변경합니다.

기존 상품명은 다양한 키워드로 검색이 되어야 해서 많은 키워드를 상품명에 넣었죠. 이 광고 그룹에서는 '아보카도오일' 키워드로만 검색이 되어야 하기 때문에 키워드를 모두 빼고 간단하게 아보카도오일 키워드만 넣어줍니다. '행복팩토리 아보카도오일 250ml' 이렇게 한번 수정해볼게요. 상품명에 아보카도오일 키워드만 남아있기 때문에, 다른 키워드로는 이 광고 그룹의 소재(상품)가 검색되지 않을 거예요. 그럼에도 혹시라도 다른 키워드로 검색이 된다면, '제외 키워드' 메뉴로 들어가서 다른 키워드로 노출 및 클릭된 키워드를 확인하고 제외시켜 주면 됩니다.

**확장 소재 설정 화면**

새 확장 소재 추가 (네이버 톡톡)                    도움말  ✕

네이버 톡톡        http://talk.naver.com/w4u5gs                                          ˅

· 비즈채널에 등록된 네이버 톡톡을 선택해 확장 소재로 사용할 수 있습니다. (단, 제품 카탈로그형 광고에는 노출되지 않습니다.)
· 네이버 톡톡을 확장 소재로 등록하면 PC와 모바일의 네이버 쇼핑 검색 결과에 네이버 톡톡 아이콘과 네이버 톡톡 버튼이 노출됩니다.

❯ 고급옵션  확장 소재의 노출 일정과 노출 기간을 설정할 수 있습니다.

                        저장 후 닫기        취소

**네이버 톡톡 추가 화면**

새 확장 소재 추가 (추가홍보문구)                    도움말  ✕

문구 1(필수) ⑦      오픈 할인 이벤트
                                                                    5/15

문구 2(선택) ⑦      오픈 기념 30% 할인 이벤트 중!
                                                                    14/20

미리보기        |        세로형        |        가로형

                                        편하고 부드러운 의자
                                        모던 디자인 소프트 블루 쇼파
                                        형 의자
                                        69,900원 무료배송
                                        광고⑦ 네이버가구
                                        ⊞ Pay 포인트 1,152원

                        편하고 부드러운 의자
                        모던 블루 쇼파형 의자
                        69,000원
                        광고⑦ 네이버가구
                        ⊞ Pay 포인트 1,152원

❶ 해당 소재의 미리보기 참고용 화면이며, 실제 광고 노출 노출매체, 기기 및 상품정보 등에 따라 달라질 수 있습니다.

**추가 홍보 문구 설정 화면**

이번에는 '확장 소재' 메뉴에서 '새 확장 소재' 버튼을 누릅니다. 여
기에는 두 가지 항목이 나오는데, '네이버 톡톡'을 먼저 눌러 설정해줍
니다. 연결되어 있는 네이버 톡톡을 선택하면 되는데, 설정이 안 되어
있다면 어렵지 않게 설정할 수 있습니다.

다음은 '추가 홍보 문구' 항목 설정입니다. 문구1(필수)은 10자까지 입력이 가능하며, 모바일 화면에 노출되는 문구입니다. 문구2(선택)는 추가할 경우 모바일과 다르게 PC에 다른 문구를 노출시킬 수 있습니다. 입력할 수 있는 글자 수는 30자입니다. 추가 홍보 문구는 상품명 위에 노출되는 후킹 멘트이기 때문에 반드시 설정해주는 게 좋습니다.

**성별 추가 화면**

다음은 '타깃팅 탭 추가' 설정입니다. 효율이 안 나오는 성별과 연령대, 그리고 요일/시간대를 분리하는 작업이구요. 번거롭지만 이 세팅을 해야 광고 분석 후 불필요한 구간의 광고를 중단하여 광고비를 아끼면서 광고 효율을 높일 수 있습니다. 먼저 '성별' 세팅을 추가하면, 자동으로 3자리로 분리되어 설정이 되는데요. '남성'과 '여성', 그리고 '알 수 없음'으로 구분됩니다. 여기서 알 수 없음은 비로그인 사용자입니다. 만약 내 상품의 타깃이 명확하게 남성 혹은 여성이라고 하면, 처음부터 내 타깃이 아닌 성별을 '노출 제외' 설정을 하여 광고를 중단하는 것도 좋습니다.

연령대 추가 화면

　다음으로는 '연령대' 세팅을 추가해볼게요. 역시나 자동으로 연령대별로 분리가 되는데요. 14세 미만부터, 14~18세 등 5살 간격으로 분리가 되어 있습니다. (60세 이후는 99세까지로 되어 있네요) 마찬가지로 알 수 없음은 비로그인 사용자로 정보를 확인할 수 없는 사용자입니다. 연령대도 내 타깃이 아니면서 절대 구매 대상이 아니라고 하면 미리 노출 제외 설정을 통해 광고비를 세이브하는 것도 좋습니다.

요일/시간대 추가 화면

'요일/시간대' 세팅을 추가하게 되면 앞서 성별과 연령대 세팅과는 다르게 자동으로 세팅되지 않습니다. 직접 원하는 요일과 시간대 구간을 나눠서 수동으로 세팅을 해야 하는데요. 가능하면 일별로 각각 분리하는 게 좋으며, 시간대는 1시간 단위로 하기에는 너무 범위가 작고 그만큼 쪼개서 데이터를 많이 쌓아야 하기 때문에 효율을 위해서 3시간 혹은 6시간 단위로 나누는 것을 추천드립니다. 예를 들면, 월요일 00~06시, 06~12시, 12~18시, 18~24시, 이렇게 각 요일별로 6시간씩 4개의 구간으로 나누면 일주일 전체를 총 28개의 구간으로 분리할 수가 있습니다.

광고 그룹 전체화면

이렇게 하면 1개의 광고 그룹에 대해서 세팅이 모두 완료된 것이고요. 이제 다른 키워드를 대상으로 두 번째, 세 번째 광고 그룹을 만들고 똑같은 방식으로 세팅하면 됩니다. 앞서 수집했던 키워드가 많으면 많을수록 광고 그룹이 많아지게 되는데요. 그만큼 쇼핑검색광고 세팅하는 시간은 길어질 수 있으나, 아까운 내 광고비를 아끼고 효율을 올린다는 생각을 하면 당연히 해야 하는 것으로 생각해야 합니다.

모든 광고 그룹의 세팅이 끝났다고 하면, 이제 쇼핑검색광고를 운영하면서 데이터가 쌓이게 될 것입니다. 처음에는 효율이 안 좋을 수도 있겠지만, 데이터를 쌓고 분석을 해야 불필요한 구간을 줄일 수가 있습니다. 데이터 쌓는 기간은 2주에서 한 달 정도를 추천드리고요. 광고 상품의 노출 위치가 최소한 1페이지 중간 정도 위치에 오는 것을 추천드립니다. 그래야 의미 있는 수준의 데이터가 쌓이게 되거든요.

1페이지 최상단의 경우 가급적 피하시는 게 좋은데, 그 이유는 최상단 광고 구좌는 너무 많은 소비자들이 일단 눌러보는 자리이기 때문에 효율이 굉장히 안 나올 수 있습니다. 처음에는 1페이지 하단이나 중간 정도에 노출시키면서 효율을 최대화한 이후 최상단 위치에까지 도전해보는 게 좋습니다.

### ♦ 광고비 지원 정책

네이버 스마트스토어에서는 판매자에 대한 지원 정책이 굉장히 잘 되어 있다고 초반에 이야기했었는데요. 광고비를 일부 지원해주는 정책도 있습니다. 처음 광고를 운영하는 광고주라면, 첫 광고비 소진 이후 30일 동안 사용한 광고비 중 최대 10만 원을 지원해주거든요. 31일째 되는 날 비즈쿠폰으로 받을 수 있고, 이는 다시 비즈머니로 전환하여 광고비로 사용할 수 있습니다. 또한 매달 사용한 유상 광고비의 5%를 다음 달에 역시 비즈쿠폰으로 돌려주고 있으니 참고하시면 좋을 것 같습니다.

# 04
# SNS를 활용한 외부 유입 마케팅

요즘은 블로그를 비롯해서 인스타그램, 유튜브, 틱톡 등 개인 SNS를 통한 상품 판매가 굉장히 활발해졌습니다. SNS 마케팅은 필수일 정도로 판매자가 직접 SNS를 운영하면서 제품 홍보나 공동구매 등을 통해 매출을 올리기도 하고요. 인플루언서를 통해 간접적으로 홍보하여 한 번에 많은 매출을 올리기도 합니다. 이렇게 SNS 마케팅을 통해 내 상품을 노출시키고, 내 스토어로 소비자를 유입시킬 수 있습니다.

특히 네이버에서 키워드를 검색했을 때 내 상품이 노출되지 않아 판매에 어려움이 있다고 하면, 이렇게 SNS를 통한 외부 유입으로 판매하는 방법도 시도해봐야 합니다.

# 1. 블로그 체험단과 인플루언서 마케팅

블로그는 꽤 오래된 전통적인 마케팅 채널인데, 이제는 블로그가 먹히지 않는다고 생각하는 사람들도 있지만 저는 그렇지 않다고 생각하거든요. 전자책을 보는 사람이 많아진다고 종이책이 없어지지 않는 것처럼, 블로그 역시 오랫동안 사랑받는 정보를 얻을 수 있는 콘텐츠 채널이자 마케팅 채널입니다.

저 역시 아직도 여전히 블로그를 통해서 소비자가 유입되고 많은 매출을 올리고 있으며, 특히 블로그는 요즘 유행하는 짧은 영상(숏폼)을 소비하는 채널들과 다르게 제품에 대한 아주 상세한 정보를 사진과 글을 통해 얻을 수 있는 장점이 있습니다.

블로그를 통해서 마케팅할 수 있는 방법은 '체험단'이라는 것을 진행하는 것인데요. 내 제품을 블로거에게 제공해주고, 블로거는 제품의 사용 후기 콘텐츠를 자신의 블로그에 작성하는 것입니다. 이때 체험 후기와 함께 내 스토어의 링크를 걸어주기 때문에, 이 링크를 통해 내 스토어로 소비자가 유입되고 매출까지 이어질 수 있습니다. 이렇게 체험단을 진행하는 방법은 크게 2가지가 있는데요. 불특정 다수의 블로거를 통해서 진행하는 일반 체험단 방식이 있고, 네이버에서 공식적으로 선정한 인플루언서들에게 진행하는 체험단 방식이 있어요.

## ① 일반 체험단

일반 체험단은 블로거를 모집해주는 마케팅 업체를 통해서 진행하는 편입니다. 한 번 진행할 때 보통 5~10명 정도의 블로거를 모집하고, 이는 판매자가 선택할 수 있습니다. 블로거 1명당 많게는 10,000~20,000원 정도의 수수료를 받는 큰 규모의 업체도 있지만, 비교적 저렴한 규모로 진행할 수 있는 업체에 해보는 것을 추천합니다. 저도 몇몇 제품들에 대해 체험단을 진행하고 있는데, 수수료 없이 진행하는 '리뷰노트'와 월 3만 원 정도의 정액제로 진행하는 '체험뷰'를 통해서 매월 10건씩 진행하고 있습니다.

**'체험뷰' 체험단 진행 절차**

체험단을 한 번 진행하는 데 기간은 총 3주 정도 걸리는 편입니다. 모집하는 데 7~10일 정도 기간을 잡아야 하고, 모집이 끝나면 신청한 블로거 중에서 내 제품과 잘 맞을 블로거를 선정하고 제품을 발송해줘야 하는데 2~3일 정도 걸립니다. 이후 제품을 사용하고 리뷰를 작성하기까지 7~10일 정도 시간을 줘야 합니다. 이렇게 하면 최소 2주 이상 걸리고 길어지면 한 달까지 시간이 소요되기도 합니다.

이렇게 일반 체험단을 진행하면 곧바로 매출로 이어지는 효과가 나오기도 하지만, 매월 꾸준히 3개월, 6개월 정도는 진행해야 제대로 된 효과를 볼 수 있습니다. 일반 체험단의 경우 간혹 인플루언서급이 신청하기도 하지만 비교적 그 힘이 약하기 때문에 상위노출 되어 큰 효과를 보는 것보다, 누군가 내 제품의 후기를 보기 위해 검색했을 때 내 상품의 많은 콘텐츠들이 검색되어 신뢰도를 높이는 효과가 더 큽니다.

보통은 상품 상세페이지에 들어가서 바로 구매하기도 하지만, 일부 소비자들은 꼼꼼하게 블로그나 SNS의 리뷰까지 보기 때문에 이 과정에서 구매 이탈을 막기 위해서는 이런 체험단 후기도 꼭 필요합니다.

따라서 일반 블로그 체험단은 씨앗 뿌리기라는 느낌으로 꾸준히 매월 진행한다면 머지않아 효과를 볼 수 있습니다.

### ② 인플루언서 체험단

반면 좀 더 빠르게 체험단을 통해서 매출과 연결시키고 싶다면, 인플루언서를 활용한 체험단을 진행하는 것이 좋습니다. 인플루언서는 강력한 힘이 있기 때문에 리뷰 콘텐츠를 작성하면 상위노출 되어 보다 더 많은 소비자에게 내 제품을 노출시킬 수 있습니다. 인플루언서에게 체험단을 의뢰하기 위해서는 먼저 인플루언서 리스트를 수집해야 하는데요. 그 과정을 요약하면 다음과 같습니다.

#### ◆ 인플루언서 체험단 의뢰 과정

a. 메인 키워드를 검색하여 나온 인플루언서의 블로그 주소를 수집한다.

b. 각 인플루언서의 블로그 지수와 랭킹을 확인한다.

c. 인플루언서에게 메일을 보내 체험단을 의뢰한다.

d. 수락이 되면 제품을 발송하고 리뷰를 기다린다.

e. 리뷰가 올라오면 확인 후 보수를 지불한다.

인플루언서를 이용한 체험단은 그 효과가 강력한 만큼 제품을 주는 것 외에 비용도 어느 정도 투자해야 합니다. 인플루언서도 각자 운영하는 블로그의 지수(등급)가 따로 있고, 인플루언서 순위도 있습니다. 물론 네이버에서 인정하는 공식적인 지수와 순위는 아니지만, 대부분이 지표를 참고하는 편입니다.

블덱스 화면

블덱스(https://blogdex.space)라는 사이트에 인플루언서 아이디를 넣으면 쉽게 블로그 지수와 순위를 확인할 수 있는데요. 인플루언서 아이디는 블로그 주소에서 'blog.naver.com/' 바로 뒤에 나오는 부분이 아이디이고, 이 아이디를 복사해서 블덱스 사이트에 넣으면 됩니다.

수집한 인플루언서 리스트에 블로그 지수와 순위를 업데이트한 후, 순위가 높은 인플루언서 위주로 요청을 하면 좋습니다. 다만, 블로그 지수와 순위가 높을수록 추가적인 비용이 많이 들어갈 수 있습니다. 블로그 지수는 가능하면 '최적1+' 이상의 블로그를 가진 인플루언서가 좋으며, 순위는 100등 이내의 경우 10~20만 원 이상, 1,000등 이내의 경우 5~10만 원 이상, 10,000등 이내의 경우 0~5만 원 정도의 비용을 원고비 명목으로 제시하는 것이 좋습니다.

**네이버 메인화면 인기 주제 스마트 블록**

리뷰를 요청할 때에는 블로그 제목에 들어갈 키워드도 함께 제시하면 좋은데요. 요즘은 네이버 메인화면이 스마트 블록으로 구성되어 있고, 매번 노출되는 키워드가 달라지거든요. 따라서 메인 키워드 외에도 메인화면에 노출되는 인기 키워드를 잘 활용해야 합니다. 이런 인기 키워드는 네이버 메인화면에 '키워드 인기 주제'라는 스마트 블록 영역에 나와 있는데요. 메인 키워드와 서브 키워드가 결합되어 있는 형태입니다. 따라서 인플루언서 체험단 마케팅도 주기적으로 변경되는 인기 키워드에 따라서 꾸준히 진행하면 좋습니다. 저도 매월 2~3명의 인플루언서에게 매번 다른 키워드로 요청을 하여 체험단 후기를 만들고 있습니다.

안녕하세요, (닉네임)님.
저는 리얼네이처코리아 스토어를 운영하며,
아보카도오일을 판매하고 있는 판매자입니다.

(닉네임)님의 블로그를 오래전부터 관심있게 지켜봤고,
제가 판매하고 있는 아보카도오일을 활용해서 요리하는 모습을
리뷰해주시면 너무 좋을 것 같아서 연락드리게 되었습니다.

...

만약 리뷰가 가능하시다면, 저희 제품 250ml 4병을 보내드리고
원고료 O만원과 상위노출 시 O만원을 더 드리려고 합니다.

(닉네임)님과 꼭 진행하고 싶은데 긍정적으로 검토 부탁드립니다.

- 제품 링크 : https://smartstore.naver.com/happyfactoryy/products/5162213241

메일 예시

인플루언서에게 체험단 의뢰 메일을 보낼 때는 진정성 있는 내용을 담아서 보내는 것이 좋습니다. 물론 인플루언서 리스트를 만들어서 여러 명에게 동시에 보내겠지만, 최소한 각 메일을 보낼 때 인플루언서의 닉네임 정도는 넣어서 처음 인사를 하는 것이 좋습니다. 그리고 메일을 보내기 전에 대략 인플루언서의 블로그도 둘러보고 특징이나 장점 등을 파악하여 이를 메일상에 언급하는 것도 좋습니다.

그리고 오랫동안 당신의 블로그를 지켜봤다는 점, 내 제품과 너무 잘 어울릴 것 같아서 꼭 함께 협업했으면 좋겠다는 진심 어린 내용을 넣는다면 성공 확률이 높아질 수 있습니다. 마지막에는 다시 해당 인

플루언서의 닉네임을 부르면서 긍정적으로 검토해 달라고 한 번 넣어 보세요. 그럼에도 인플루언서에게 답장이 없거나 거절을 당해도 상처받지 마시고요. 일정이 맞지 않거나 일이 많이 밀려있어서 거절하는 경우도 있으니까요. 회신이 없다면 쿨하게 다른 인플루언서와 진행하세요!

## 2. 인스타그램 체험단과 인플루언서 마케팅

인스타그램은 가장 활발하게 판매가 이루어지는 SNS 채널입니다. 30~40대 여성이 가장 강력한 소비층이지만, 20대는 물론 50대분들도 인스타그램을 통해서 상품을 구매하고 정보를 얻습니다. 블로그와 마찬가지로 인스타그램에서도 체험단을 통해 내 스토어로 소비자를 유입시켜 매출을 올릴 수 있습니다. 그리고 인스타그램에서는 인플루언서를 통한 공동구매도 활발하게 진행되고 있기 때문에, 이런 공동구매를 활용하는 것도 단기간에 많은 매출을 올릴 수 있는 방법입니다.

### ① 인스타그램 체험단

인스타그램 체험단은 블로그 체험단과 같은 방법으로 진행할 수 있습니다. 보통 체험단을 모집해주는 마케팅 업체에서는 블로그와 함께 인스타그램도 함께 진행을 해주는데요. 역시 '리뷰노트'나 '체험뷰'를 통해서 함께 체험단을 모집할 수 있습니다. 특히 월정액제로 운영되는 체험뷰의 경우 동시에 2개의 캠페인을 진행할 수 있는데요. 1개의 제품을 가지고 있다면 블로그와 인스타그램을 각 1개씩 진행해보는 것도 좋습니다.

인스타그램으로 체험단을 모집하면서 체험 진행 채널을 선정할 때 보통 팔로워 숫자만 보고 결정하는 경우가 많은데요. 단순히 팔로워 숫자만 보면 안 되고, 최근 게시물이나 릴스 영상의 좋아요 숫자와 댓글 숫자도 유심히 살펴봐야 합니다. 인스타그램은 이런 체험단을 노리고 팔로워를 돈을 주고 사서 팔로워 수가 많아 보이게 하는 경우도 많거든요.

그래서 보통 팔로워가 1만 명 이하라고 하면, 최근 콘텐츠를 확인하여 좋아요 숫자와 댓글 수를 합친 숫자가 팔로워 수의 최소 3% 이상이 되어야 좋습니다. 예를 들어 팔로워가 5천 명인 채널이 있다면, 좋아요 +댓글 숫자가 150개 이상 되는지 확인해보세요. 그리고 팔로워가 1만 명 이상이라고 하면 팔로워 수의 최소 1% 이상이 되는 게 좋습니다.

### ② 인플루언서 마케팅

인스타그램 역시 조금 더 빠르게 매출 상승의 효과를 얻기 위해서는 인플루언서를 이용하는 게 좋습니다. 블로그와 다르게 공식적으로 인플루언서라는 것은 없지만, 보통 팔로워 수가 1만 명 이상인 경우 인플루언서라고 부르는 편입니다. 그리고 이러한 계정 중에서 제품을 리뷰하거나 공동구매를 진행하는 계정을 종종 볼 수가 있습니다. 주로 식품을 리뷰하거나 요리를 만들어 공유하는 계정이라면, 내 제품이 식품인 경우 의뢰를 해보면 좋고, 내 제품이 생활용품인 경우 마찬가지로 생활용품을 리뷰하거나 살림 꿀팁 등을 알려주는 계정들을 찾아서 의뢰를 한다면 좋은 결과를 얻을 수 있습니다.

인플루언서에게 의뢰를 할 때는 보통 DM을 보내서 문의를 합니다. 처음에는 제품을 한 번 써보고 괜찮으면 리뷰 영상을 만들어주거나,

가능하면 공동구매까지 진행이 가능한지 문의를 해보는 것이 좋습니다. 보통 제품을 체험하는 경우는 비용을 받지 않는 경우도 있고, 팔로워 1~5만 정도라면 10만 원 정도의 비용이면 충분히 진행이 가능합니다. 비용의 경우 먼저 제시하지 말고 얼마 정도에 진행이 가능한지 물어보면 됩니다.

공동구매의 경우는 진행비는 따로 없으며 매출의 일정 부분을 수수료로 지급하게 되는데요. 보통 20~25% 정도를 인플루언서의 수수료로 책정하는 편입니다. 공동구매는 짧게는 3일에서 길면 7일 정도 진행하기 때문에 단기간에 매출을 올리는 데 유리합니다.

하지만 공동구매의 경우 보통 정상 판매가에서 최소 10% 정도 가격 할인을 하거나, 별도의 사은품 또는 세트 구성을 만들어 진행합니다. 그렇기 때문에 너무 잦은 공동구매 진행을 하게 되면 제품의 가격이 무너져 평소에는 잘 팔리지 않을 수도 있으니, 최대 한 달에 한 번 정도 진행하는 것을 추천드립니다.

# Part
# 6

## 정산과 세금

저도 첫 주문이 들어왔던 그 순간은 아직도 기억이 나는데요.

첫 주문이 들어왔다는 믿기지 않는 사실과 기쁜 마음이 드는 한편,

'이제 어떻게 해야 하지?'라는 걱정이 밀려오기도 하거든요.

이제 첫 주문이 들어왔다면 천천히 주문을 처리해보도록 할게요.

# 01
## 첫 주문이 들어왔다!

책에 나와 있는 대로 한 단계씩 따라 하다 보면 자연스럽게 주문이 들어오게 됩니다. 오래된 일이지만 저도 첫 주문이 들어왔던 그 순간은 아직도 기억이 나는데요. 첫 주문이 들어왔다는 믿기지 않는 사실과 기쁜 마음이 드는 한편, '이제 어떻게 해야 하지?'라는 걱정이 밀려오기도 하거든요. 이제 첫 주문이 들어왔다면 천천히 주문을 처리해보도록 할게요.

# 1. 주문이 들어오면 해야 할 일

주문이 들어오면 우선 스마트스토어센터로 들어가서 확인을 합니다. 메인화면에 보이는 '주문/배송' 영역을 보면 신규주문에 '1건'이라고 표시가 되어 있을 거예요. 숫자를 누르면 신규주문 내역이 보이는 화면으로 이동이 되고, 화면 하단에 주문 내역을 확인할 수 있어요.

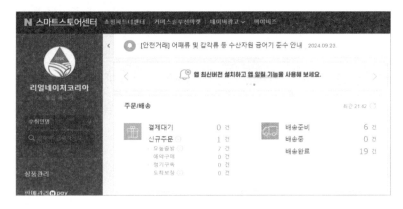

스마트스토어 메인화면 신규주문

신규주문 내역 화면

이제 신규주문 건 맨 앞에 체크박스에 체크를 하고, '발주확인' 버튼을 눌러주세요. 발주확인을 누르면 주문의 상태가 '신규주문 → 배송준비'로 변경이 되는데요. 이것은 구매자에게 '판매자가 주문을 확인하고, 포장/배송을 준비하고 있어요'라는 메시지를 전달해주는 것이에요. 발주확인을 누르면 구매자에게도 상품상태가 '상품준비 중'으로 표시되거든요.

그리고 이제 주문 들어온 제품을 포장하여 주문 내역에 있는 수취인 정보를 참고하여 배송을 하면 되는 거죠. 사입 제품은 직접 배송을 해야 하기 때문에 우체국이나 집 근처에 있는 CJ대한통운이나 로젠택배 등의 택배사를 이용하는 방법이 있구요. CU나 GS25 등의 편의점을 방문하여 택배를 보내는 방법도 있습니다. 위탁 제품은 직접 보내지 않기 때문에 주문이 들어온 제품을 소싱한 위탁/도매사이트에 들어가 해당 제품을 찾아서 주문을 넣으면 되는데요. 주문을 넣을 때 입력하는 배송지 정보에, 내 스토어에 주문을 한 고객의 수취인 정보를 입력하면 됩니다. 그럼 나를 거치지 않고 바로 고객이 물건을 받을 수 있는 거예요.

**송장입력 화면**

마지막으로 스마트스토어센터로 돌아와서 송장번호를 입력해주면 끝! 이에요. 발주확인을 눌렀으니까 주문/배송 영역에서 보면 배송준비에 '1건'이라고 되어 있겠죠? 눌러서 들어가면 주문 내역이 나오고 배송 방법에 '택배,등기,소포'를 선택하고, 택배사는 '실제 택배사 정보'를 넣고, 송장번호에는 '실제 송장번호'를 넣으면 돼요. 그리고 체크박스에 체크하고 '발송처리'를 누르면, 주문상태가 '배송준비 → 배송중'으로 변경이 됩니다. 여기까지가 판매자가 주문이 들어오면 해야 할 일 전부예요. 어렵지 않죠? 주문이 들어오면 당황하지 말고 차근차근 진행해보세요.

**주문처리 과정에 따른 판매자 / 구매자 주문상태변화**

## 2. 발주부터 구매확정까지 프로세스

주문처리는 송장번호 입력으로 끝났는데, 이제 정산이 언제 되는지 궁금하시죠? 택배를 보내면 보통 다음 날이면 '배송완료' 상태로 주문이 변경되는데요. 배송은 완료되었지만 이후 '구매확정' 단계가 남아 있습니다. 구매확정이 되어야만 더 이상 변경이 불가능한 최종 완료 상태로 주문처리가 종료됩니다. 그렇기 때문에 정산은 구매확정이 되면 진행되며, 다음 날 정산 금액이 계좌로 입금됩니다.

**발주부터 구매확정까지 프로세스**

구매자 입장에서 돌이켜보면, 스마트스토어에서 주문했을 때 배송완료 후 구매확정을 해달라는 알림이 오거나 하는 경우가 있었죠? 구매확정이 되어야 정산이 되는 구조라서 그런 것입니다. 이제는 이해하시겠죠? 그런데 배송완료가 되었는데, 구매자가 구매확정을 바로 누르지 않는 경우도 있어요. 그러면 자동으로 배송완료 후 일주일 후에 자동으로 구매확정이 됩니다. 이렇게 주문이 들어온 후부터 정산까지는 최대 7일에서 주말 포함하면 10일 정도까지 걸릴 수 있습니다. 대신 구매자가 배송완료 후 바로 구매확정을 눌러준다면, 최소 2~3일 만에 정산이 진행되기도 합니다. 이렇게 스마트스토어는 정산이 아주 빠른 편이에요.

## 3. 취소주문이 들어오면 어떻게 해야 할까?

대부분의 주문 건은 늦게 보내지만 않으면 문제없이 정상적으로 구매확정까지 처리가 되는 편이에요. 하지만 몇 가지 이유로 정상적으로 처리되지 않는 경우가 있을 수 있는데요. 그중에서 대표적인 것이 '주문 취소'입니다. 주문 후 취소는 대부분 구매자의 단순 변심으로 진행되는 경우가 많고, 만약 신규주문이 들어왔는데 발주 확인 처리를 하지 않았다면, 구매자는 언제든지 주문을 취소할 수 있습니다. 이는 아직 주문 확인을 하지 않았고, 배송 준비를 시작하지 않은 것으로 판단하기 때문입니다.

하지만, 발주 확인을 누르고 배송 준비 중인 상태에서는 구매자가 주문 취소를 하는 경우, 임의로 취소가 불가능하고 주문 취소 요청이 발생합니다. 그리고 판매자는 이를 확인 후 '승인 처리'를 해야 취소가 가능하며, '거부 처리'도 가능합니다. 취소주문에 대한 권한은 판매자가 가지고 있는 것입니다. 그 이유는 판매자가 발주 확인을 눌렀기 때문이고, 배송 준비 중인 주문을 모아서 열심히 포장을 하면서 출고 준비를 하는 도중에 취소가 들어오는 경우, 임의로 취소를 하면 판매자가 이를 알 수 없기 때문입니다.

**목록 (총 1 개)**

| | 취소 승인처리 | 취소 거부(철회)처리 | | | | |
|---|---|---|---|---|---|---|

- 발주확인한 주문건에 대해서만 취소승인/취소거부 처리 가능합니다.
- 발주확인을 하지 않은 주문건 및 발송기한이 경과한 주문건의 경우 구매자 취소요청 시 별도의 승인절차 없이 자동 취소처리 됩니다.

| 선택 | 상품주문번호 | 주문번호 | 주문상태 | 배송속성 | 풀필먼트사(주문 기준) | 취소 처리상태 | 결제일 |
|---|---|---|---|---|---|---|---|
| ○ | 2024092566458011 | 2024092566458601 | 결제완료 | 당일발송 | - | 취소요청 | 2024.09.25 22:34 |

**취소 승인 또는 거부 처리**

    따라서 취소주문을 확인하고 아직 출고하지 않았다면, 보통은 취소 승인 처리를 해주는 편입니다. 하지만, 이미 택배를 보내고 아직 송장 번호를 입력하지 않은 상태에서 취소주문이 들어오는 경우는 이를 거부 처리하고 송장번호를 입력하여 발송처리를 강행하는 것도 가능합니다. 출고 준비 단계에서 송장번호 입력까지 시간이 걸릴 수밖에 없는데, 판매자에게 취소 승인/거부에 대한 권한이 있기 때문에 이렇게 처리하는 게 가능합니다.

# 4. 교환/반품주문이 들어오면 어떻게 해야 할까?

실제 배송 전에는 취소가 가능하지만, 송장번호를 입력한 후에는 취소가 불가능합니다. 이미 발송되었기 때문이죠. 그럼 배송 중 이후 상태에서는 반품이나 교환으로 처리를 해야 합니다.

반품은 구매자가 제품을 받은 후에 다시 판매자에게 보내는 것입니다. 이때 중요한 포인트는 반품 사유가 '판매자의 귀책'인지, '구매자의 귀책'인지 여부입니다. 왜냐하면 일단 제품이 발송되었다가 돌아왔기 때문에 왕복 배송비가 발생하기 때문입니다. 이 배송비를 누가 부담하는지는 구매자가 반품 신청을 할 때 '반품 사유'에 어떤 내용을 적는지에 따라 결정됩니다.

**반품 처리**

반품 상세사유

상품명: 메가칩스 감자칩 포테이토칩 감자 스틱 과자 간식 100g
상품 주문번호: 2024092510564631

**반품 상세사유 입력**

반품요청 사유          단순 변심                    ▾

반품 상세 사유

**반품 귀책 사유**

예를 들어 반품 요청 사유가 '주문 실수'인 경우, 구매자의 귀책 사유이기 때문에 회수된 제품을 열어보고 제품에 문제가 없다면 반품 완료 처리를 진행하면 됩니다. 이 경우 자동으로 왕복 배송비로 책정한 금액만큼을 제외한 후에 환불 처리가 됩니다. 반면 반품 요청 사유가 '파손 및 불량'인 경우, 판매자의 귀책 사유이기 때문에 반품 완료 처리를 진행하면 자동으로 전액 환불 처리가 됩니다. 만약 회수된 제품을 받았는데 제품에 전혀 문제가 없다고 하면, '반품 거부(철회) 처리'가 가능합니다. 이는 억울하게 판매자가 배송비까지 물어야 하는 것을 방지하기 위해 이런 규칙을 만들어 놓은 것입니다.

| 목록 (총 1 개) | | | | | | | |
| --- | --- | --- | --- | --- | --- | --- | --- |
| 교환 재배송처리 | 교환 거부(철회)처리 | 반품으로 변경 | | | | | |
| 선택 | 상품주문번호 | 주문번호 | 주문상태 ⓘ | 배송속성 | 풀필먼트사(주문 기준) | 교환 처리상태 | |
| ○ | 2024092510564631 | 2024092566458601 | 배송중 | 당일발송 | - | 교환요청 | |

**교환처리**

교환은 보통 제품을 받았을 때 불량이나 파손, 오배송 등으로 제품을 회수하고 새로운 제품을 보내줘야 할 때 사용합니다. 먼저 구매자가 교환 요청을 하게 되면, 제품이 회수됩니다. 회수된 제품을 확인 후 '수거 완료' 처리를 합니다. 이후 새로운 제품을 보내주면서 '교환 재배송 처리'를 하여, 새로운 송장번호를 입력하여 배송 상태를 알려주면 마무리됩니다.

반품이나 교환 주문처리는 자주 있는 일이 아니기 때문에 헷갈릴 수도 있지만, 스마트스토어센터에서 반품/교환 주문처리하는 것은 일반 주문처리와 크게 다르지 않기 때문에 의미만 정확히 이해하시면 어렵지 않게 하실 수 있을 거예요.

#### ♦ 반품안심케어 설정하기

반품주문처리 시 귀책 사유로 인해 판매자와 구매자 간의 분쟁이 간혹 발생하기도 합니다. 일부 구매자는 왕복 배송비가 아까워서 무료로 반품 처리를 하기 위해 판매자와 논쟁을 벌이기도 하고, 이로 인해 판매자도 큰 스트레스를 받을 수 있죠. 이런 C/S 때문에 온라인 판매 자체를 두려워하는 분들도 있을 정도입니다. 그래서 이런 분쟁을 사전에 막기 위해 스마트스토어에서는 '반품안심케어'라는 것을 도입했어요.

### ◆ 반품안심케어란?

구매자가 상품을 구매한 후 반품/교환을 진행하는 경우 구매자는 무료로 반품/교환을 받을 수 있고, 판매자에게는 반품/교환에 따른 배송비를 최대 7,000원까지 보상해주는 서비스입니다.

반품안심케어를 통해 분쟁 없이 반품 처리를 진행하는 것도 좋습니다. 반품안심케어는 상품 단위로 진행할 수 있으며, 반품안심케어에 가입한 상품은 판매될 때마다 일정 금액을 보험료로 지불하게 됩니다. 보험료는 카테고리마다 다르며, 반품이 잦은 카테고리는 보험료가 비싸고 반품률이 낮은 카테고리는 비교적 저렴한 편입니다.

---

### 반품안심케어 비용안내    ✕

- 반품안심케어 비용은 상품주문번호 기준으로 건당 부과됩니다.
- 아래 표의 카테고리별 비용은 2개월마다 변경될 수 있으며, 변경 시 공지사항을 통해 안내될 예정입니다.

**반품안심케어 비용**

(단위: 원)

| 카테고리 | 비용 | 카테고리 | 비용 |
| --- | --- | --- | --- |
| 화장품/미용 | 50 | 생활/건강 | 80 |
| 가구/인테리어 | 130 | 디지털/가전 | 160 |
| 도서 | 90 | 식품 | 40 |
| 패션의류 | 490 | 패션잡화 | 360 |
| 출산/육아 | 130 | 스포츠/레저 | 360 |

**반품안심케어 비용**

식품의 경우 가장 저렴한 건당 40원의 보험료가 책정되어 있습니다. 판매 건수가 150건이면 보험료로 6,000원이 지불되는데요. 보통 왕복 배송비가 6,000원 정도이므로, 150건마다 반품이 1건 이상인 경우는 반품안심케어를 가입하는 게 비용적인 면에서 더 유리합니다. 하지만 단순히 비용적인 측면 외에도, 반품안심케어 설정을 하면 구매자 입장에서는 언제든지 반품을 할 수 있다는 것이 메리트로 느껴질 수 있죠. 그럼 구매로 이어질 확률이 조금 더 높아질 수 있다는 것도 고려할 수 있습니다. 여러모로 반품안심케어를 진행해보는 것도 좋을 듯합니다.

# 5. 빠른 정산 시스템 신청하기

스마트스토어는 비교적 정산이 빠른 편인데, 그마저도 획기적으로 줄일 수 있다면? 너무 좋겠죠. 판매한 지 3개월이 지나고 조건을 충족했다면 '빠른 정산'을 신청하면 됩니다.

**♦ 빠른 정산?**

구매확정일까지 기다리지 않고 집화처리일 +1영업일에 정산을 받을 수 있는 서비스입니다.

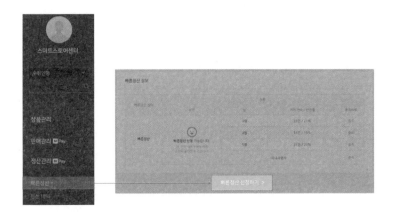

**빠른 정산 화면**

원래 정산은 배송완료 후 구매확정이 되어야 다음날 정산을 받을 수 있었는데요. 빠른 정산은 판매자가 제품을 발송하고 택배사에서 이 제품의 송장번호를 스캔하면 집화처리가 되었다고 합니다. 이렇게 집화처리된 다음날 바로 정산을 받을 수 있는 시스템입니다.

◆ **빠른 정산 신청 조건**
 a. 신청 직전 3개월 연속 거래 건수 20건 이상
 b. 신청 직전 3개월 연속 반품률 20% 미만

빠른 정산 시스템을 신청하려면 최근 3개월간의 실적을 기준으로 합니다. 신청하는 달 이전 3개월 동안 매월 20건 이상의 거래 실적이 있어야 하고, 반품률도 20% 미만이어야 합니다. 하지만 이 조건은 전혀 어렵지 않기 때문에, 대부분 빠른 정산을 신청할 수 있습니다. 이후에도 매월 빠른 정산 조건에 부합하는지 확인 후, 유지되거나 중단되기도 합니다.

◆ **빠른 정산 신청 후 유지 조건**
 a. 갱신 직전 3개월 합계 거래 건수 10건 이상
 b. 갱신 직전 전월 반품률 20% 미만

빠른 정산 신청 이후 유지 조건은 신규 신청 조건보다 훨씬 약하기 때문에, 한 번 신청하면 거의 계속 유지할 수 있는 수준입니다. 정산을 빠르게 해주는 것은 판매자 입장에서는 가장 큰 혜택 중 하나이기 때문에 조건에 충족한다면 무조건 신청하시는 게 좋습니다. 다만, 신청 및 유지 조건 외에 심각한 페널티(가품 판매, 어뷰징 행위, 비정상 거래)에 해당하는 사유가 발생하면, 임의로 빠른 정산이 중지될 수 있으니 주의해야 합니다.

# 02

# 스마트스토어 수수료와 정산

사실 온라인 셀러가 되어 판매를 하면서 가장 중요한 부분이 수수료와 정산영역입니다. 위탁판매 방식이나 사입판매 방식 모두 먼저 내 돈을 지불하고 제품을 결제한 다음에 배송이 완료된 이후 정산되는 방식이기 때문에, 판매한 제품의 정산 금액이 언제 들어오고 얼마나 수수료로 차감되는지를 정확히 계산해야 합니다. 그렇지 않으면 항상 내가 예상했던 금액보다 적은 금액이 입금되는 것 같고, 통장에는 이상하게 잔고가 남지 않더라고요. 그래서 스마트스토어의 수수료 체계가 어떻게 되어 있는지 정확히 알아보고, 정산 금액 계산에 대해서도 자세히 알아볼게요.

# 1. 사업자 규모에 따라 달라지는 수수료 체계

타 오픈마켓은 보통 상품의 카테고리에 따라 수수료율이 다른 체계로 되어 있지만, 스마트스토어는 판매자의 국세청 매출액 신고 기준에 따른 체계로 되어 있습니다. 매출 규모에 따라 수수료율을 나눠 놓은 것은 영세 사업자에게 아주 좋은 제도입니다. 매출이 많지 않은 영세 규모의 사업자에게는 비교적 낮은 수수료를 부과하니, 굉장히 합리적이라는 생각이 듭니다.

**♦ 국세청 매출 등급별 수수료**

a. 영세 (매출 3억 이하) : 1.980%

b. 중소1 (매출 3~5억) : 2.585%

c. 중소2 (매출 5~10억) : 2.750%

d. 중소3 (매출 10~30억) : 3.025%

e. 일반 (매출 30억 이상) : 3.630%

단, 국세청의 매출 산정 기준은 해당 사업자로 신고된 '총 매출 금액' 기준입니다. 스마트스토어뿐만 아니라 타 오픈마켓이나 자사몰을 운영하고 있다면, 모든 플랫폼의 매출을 합산한 금액을 기준으로 등급이 정해집니다. 그리고 국세청의 매출 등급은 연 2회(2월 14일, 8월 14일) 업데이트가 되기 때문에, 스마트스토어의 내 수수료 등급도 이때 맞춰서 업데이트가 된다는 점 알아두시면 좋습니다.

## 2. 2가지 수수료가 있다고?

### ① 주문 관리 수수료

주문 관리 수수료는 일반적으로 '판매 수수료'라고 합니다. 판매된 금액에 대해 일정 비율의 수수료를 부과하는데요. 제품의 판매 금액에 배송비가 포함된 경우, 배송비에도 수수료가 부과된다는 점도 알아두셔야 합니다.

그리고 처음 스마트스토어를 시작한다면 아직 국세청에 신고된 매출 근거가 없기 때문에 일반 등급(3.630%)으로 수수료 등급이 적용됩니다. 이후 매출 신고 업데이트에 따라 자동으로 수수료 등급이 변경될 수 있어요. 참고로 간이사업자로 사업자 등록을 했다면, 1년에 한 번 부가세 신고를 하기 때문에 올해 1년의 매출 실적을 기준으로 내년 1월에 신고를 하고, 2월 14일에 새로운 매출 등급으로 업데이트됩니다.

### ② 매출 연동 수수료

매출 연동 수수료는 스마트스토어에만 있는 또 하나의 수수료입니다. 보통 '서비스 연동 수수료'라고 부르기도 하는데요. 네이버 검색창에 검색을 통해 들어오는 경우 2%의 추가 수수료가 부과되고, 이외에도 정기구독 서비스, 라이브커머스, 도착 보장 서비스 등 유입 경로에 따라서 추가로 부과되는 수수료입니다.

**네이버 쇼핑 노출에 따른 수수료 차이**

네이버는 포털 사이트다 보니 다양한 영역에 내 스토어 상품이 노출되고, 다양한 경로로 유입이 될 수 있는데요. 매출 연동 수수료는 판매가 이루어졌을 때만 수수료가 부과되는 것도 참고하시면 좋습니다.

# 3. 정산은 언제 될까? 배송완료? 구매확정?

정산은 기본적으로 구매자가 내 제품을 구매하고 배송완료 후 구매
확정을 누르면, 구매확정일 +1영업일에 수수료 등의 비용이 차감되고
정산 금액이 입금됩니다. 차감되는 비용의 종류는 기본 수수료 외에
쿠폰이나 포인트 지급, 반품/취소로 인한 공제 금액, 반품 안심케어 보
험료, 무이자 할부 수수료 등이 반영될 수 있어요.

**상품 판매 시 일반적인 정산 흐름**

참고로 구매확정일 +1영업일이 아닌 다른 기준으로 정산되는 경우도 있습니다.

- 빠른 정산: 집화 처리일+1영업일
- 교환 완료: 교환 완료일+1영업일
- 직권 취소: 직권 취소일+1영업일
- 배송비: 모든 상품의 종료일+1영업일

특히 배송비는 한 번에 여러 개의 상품을 주문하는 경우, 1번만 부과될 수 있기 때문에 묶여 있는 모든 주문들의 상품의 배송 상태가 종료되는 시점(구매확정, 취소 완료, 반품/교환 완료)에 정산이 된다는 것도 알아두시면 좋습니다.

# 03

# 세금 신고

이 세상에서 절대 피해갈 수 없는 두 가지, '죽음'과 '세금'이라고 하죠. 온라인 셀러에게도 세금은 피해갈 수 없는 영역입니다. 성실하게 세금 신고를 해야겠죠. 온라인 셀러가 해야 하는 세금 신고는 크게 부가가치세(부가세)와 종합소득세(종소세) 신고가 있습니다. 종소세는 매년 5월 신고를 하고, 부가세는 1년에 2번(1월과 7월) 신고를 합니다. 간이사업자의 경우 부가세 신고는 1년에 1번(매년 1월)만 하는데, 1년에 한두 번 하는 일이다 보니 매번 할 때마다 헷갈리기도 하고 익숙해지지 않기도 해요.

온라인 셀러는 매출이 대부분 플랫폼을 통해 발생하기 때문에 비교적 세금 신고가 쉬운 편인데요. 매출이나 판매 채널이 적은 경우, 간단히 셀프로도 신고를 할 수 있습니다. 판매 채널이 많아지거나 도매 거래, 직거래 등의 플랫폼 외 매출이 발생하여 복잡해진다면 세무 대리인에게 맡겨서 신고를 하는 방법도 있어요.

만약 스마트스토어 가입은 했는데 매출이 발생하지 않았다면, 신고를 하지 않아도 될까요? 그렇지 않아요. 매출이 0원이라도 신고는 무조건 해야 하며, 매출이 없다면 간단히 '무실적 신고'로 진행해야 한다는 점 꼭 알아두셔야 합니다.

# 1. 부가세 신고하기

부가세는 제품에 부과되는 세금이라고 생각하면 됩니다. '다단계 소비세'라고 부르기도 하는데요. 생산자, 도매업자, 소매업자, 소비자 모두 부가세를 내야 하기 때문이에요. 스마트스토어에서 일반적으로 판매하는 제품에 한정 지어보면, 가공하지 않은 1차 농축수산물을 제외한 제품이나 서비스는 대부분 10%의 부가세를 납부합니다.

생산자부터 소비자까지 모든 단계에서 10% 납부를 하게 되면 중복 납부를 하게 되는데, 이를 방지하기 위해서 제품을 구매했을 때는 부가세를 환급받고, 제품을 판매했을 때는 부가세를 납부한다고 이해하시면 쉽습니다. 예를 들면, 어떤 제품을 5,000원에 사 와서 10,000원에 팔았다고 하면, 매입 5,000원에 대한 부가세 10% 500원은 환급을 받고, 매출 10,000원에 대한 부가세 10% 1,000원은 납부를 해야 하는 거죠. 이를 계산하면 매출-매입 금액의 10%인 500원만 부가세로 납부하게 되는 거예요.

이 내용을 이해하고 나면 이제 부가세 신고는 아주 간단해졌어요. 물건을 매입한 전체 금액을 신고하고, 스마트스토어를 통해 판매한 매출 금액도 신고하면 됩니다. 매출 금액은 스마트스토어센터에서 간단히 다운로드받을 수 있으니 걱정할 필요가 없고요. 매입 금액은 가능하면 모두 세금계산서를 받아두는 게 좋습니다. 혹시 신용카드나 체크

카드로 제품을 매입했다면, 매출전표를 가지고 매입 증빙을 해야 합니다. 제대로 신고만 하면 문제없으나, 자칫 복잡해질 수 있으니, 가능하면 매입은 모두 계산서를 끊는 게 좋습니다.

부가세 신고는 홈택스를 통해 편하게 셀프로도 할 수 있는데요. 간단히 방법을 알려드릴게요.

### ① 매출 부가세 신고자료 다운받기

부가세 신고 기간이 되면 스마트스토어센터에서도 공지사항으로 알림이 오고요. 국세청 등에서도 신고 기간에 대한 안내를 해주기 때문에 평소 신경 쓰지 않고 있다가 신고 기간에 진행하면 됩니다. 우선 매출 자료는 스마트스토어센터에서 '부가세 신고 내역' 메뉴로 들어가면 월별과 일별 내역을 확인할 수 있고, 엑셀로도 다운받을 수 있어요.

참고로 부가세 신고할 때 필요한 항목은 전체 기간 동안의 과세 금액과 면세 금액, 그리고 신용카드와 현금영수증 매출을 합한 금액, 기타 매출, 이 정도로만 확인하고 알아두면 됩니다.

### ② 홈택스에서 부가세 신고하기

부가세 신고 기간에 홈택스에 접속하면 팝업창으로 부가세 신고 안내가 뜹니다. 공인인증서로 로그인 후 안내에 따라서 진행하면 되는데요. 세금 신고이다 보니 용어나 이런 부분이 익숙하지 않을 수도 있지만, 실제로 입력하는 항목은 많지 않고 대부분 자동으로 진행되니까 어렵지 않게 할 수 있어요.

### a. 기본 정보입력 화면

맨 처음에는 사업자의 기본 정보를 입력하는 화면이 나옵니다. 사업자번호를 입력하면 나머지 정보는 자동으로 입력되기 때문에 확인만 하고 넘어가면 되는데요. 만약 부가세 신고 기간 내 매출이 없다고 하면, 이 화면 하단에 나오는 '무실적 신고' 버튼을 누르면 간단하게 신고를 마칠 수 있어요.

### b. 매출세액 입력하기

매출세액은 스마트스토어센터에서 확인한 매출을 기준으로 입력하면 되는데요. 특별한 케이스가 아니면 ①~②번만 입력하면 됩니다. 그 외 상황에 따라 ③~⑤ 항목도 입력하는 경우가 생길 수 있습니다.

그리고 스마트스토어 외 현금 등으로 입금을 받고 별도로 세금계산서를 발행해준 매출이 있다고 하면, 다음 화면에서 내역을 불러오면 자동으로 추가 매출을 잡을 수 있습니다. 하지만 처음에는 아무래도 스마트스토어 매출만 있을 거라 생각되어, 이후 기타 매출분 등 입력 내용은 생략하도록 할게요.

### c. 매입세액 입력하기

매입세액은 매출보다 입력이 더 간단합니다. 일반적으로는 세금계산서를 발행받은 ①번 항목만 입력하면 되는데, 작성하기 버튼을 누르면 매입 계산서를 받은 내역을 자동으로 불러올 수 있어요. 그 외 신용카드나 체크카드로 매입한 내역이 있다면 ②번 항목도 추가로 입력해주면 됩니다. 마찬가지로 이외 기타 매입분 등의 입력 내용은 생략하도록 하겠습니다.

### d. 경감/공제세액 입력 및 최종 납부(환급) 세액 확인

마지막으로 일부 세액을 경감 혹은 공제해주는 항목이 있어요. 작성하기 버튼을 눌러서 확인하여 경감/공제세액을 확인하면 됩니다. 그리고 나면 최종적으로 납부 혹은 환급받아야 하는 세금이 얼마인지 확인이 가능합니다. 마지막 '신고서 입력 완료' 버튼을 누르면 부가세 신고가 모두 끝나게 되는데요. 납부할 세금이 있으면 정해진 기간 안에 납부를 해야 하고 기한이 지나면 가산세를 내야 하니, 꼭 납부 기한 내에 완료하시는 게 좋습니다. 이렇게 부가세 신고는 생각보다 어렵지 않으니 차근차근 해보세요.

## 2. 종합소득세 신고하기

　종합소득세는 간이사업자와 일반사업자 구분 없이 매년 5월에 신고하는 세금입니다. 간단히 정리하자면, 전년도 매출에서 매입을 제외하고, 여기에 비용까지 제외하면 순이익이 나오는데요. 이 순이익에 대해 소득세를 내는 것입니다.온라인 판매 외에 다른 사업소득이나 근로, 이자, 연금, 배당 등의 추가 소득이 있다면 모두 합산하여 계산됩니다. 비용 또한 카드, 현금영수증, 계산서 발행한 것 외에 증빙할 수 있는 영수증 등이 있다면 최대한 비용으로 넣어야 소득세를 줄일 수 있습니다. 종합소득세를 신고하는 것은 부가세 신고보다 더 쉽고, 똑같은 방식으로 홈택스에서 신고할 수 있는데요. 종합소득세 신고 화면에서 개인정보를 입력하면 자동으로 모든 항목이 입력되어 있고, 납부 또는 환급받을 세액까지 뜹니다. 종합소득세 신고서지만 납부서라고 부르기도 하는 이유입니다. 적격 증빙을 통해 신고된 매입이나 매출, 비용 자료 외에 추가적인 것이 있다면 별도로 입력해야 하지만, 일반적으로는 이대로 신고를 하는 편입니다.

　참고로 종합소득세는 납부 시, 개인지방소득세도 함께 납부해야 하는데요. 종합소득세의 10%가 개인지방소득세로 부과됩니다. 종합소득세는 국세이고, 개인지방소득세는 지방세로 세금의 성격이 다른 점 알아두시면 좋습니다.

# 3. 세금 신고 직접 할까? 맡길까?

세금은 말만 들어도 굉장히 어렵고 복잡하며, 괜히 문제가 생길 것 같은 기분이 들기도 합니다. 그래서 직접 세금 신고를 하지 않고 세무 대리인에게 맡기는 경우도 많습니다. 이런 경우를 '기장을 맡긴다'라고 표현하기도 합니다.

사실 저도 현재 세무법인을 통해 기장 대리를 맡기고 있습니다. 그 이유는 아무래도 전문가를 통해 맡기는 것이 조금이라도 절세할 수 있는 효과가 있기 때문인데요. 제가 모르는 부분에서 부가세나 종합소득세 신고 시 조금이라도 세금을 줄일 수 있습니다. 이는 매우 합법적인 '절세'이니 오해하시면 안 됩니다.

세무 대리인에게 맡기는 경우, 보통 매월 10만 원 전후의 고정 비용을 지불하면서 전체적으로 맡기는 방법과 부가세나 소득세 신고할 때만 맡기는 방법이 있습니다. 어느 정도 매출이 나오고 세금으로 내야 하는 돈이 백만 원 단위로 올라갔다고 하면, 전문적으로 세무 대리인에게 맡기는 것도 좋습니다.

# Part 7

## 스마트스토어 운영에 도움되는 8가지 꿀팁

조금 더 완벽한 스마트스토어 온라인 셀러가 되기 위한 8가지 꿀팁을
알려드리겠습니다. 지금까지의 내용만 잘 소화하셔도 충분하지만,
이왕이면 스마트스토어와 더 친해져서 완벽한 온라인 셀러가 되시길 바랍니다.
그럼 추가적인 스마트스토어 혜택과 더 많은 매출을 올리기 위한
스마트스토어의 다양한 기능들을 설명해드리겠습니다.

# 1. 스타트 제로 수수료 신청하기

　스타트 제로 수수료는 네이버의 판매자 성장 지원 프로그램 중 하나입니다. 사업 초기 수수료를 면제해주면서 안정적인 성장을 도와주는 제도로, 주문관리 수수료는 12개월, 매출연동 수수료는 6개월 동안 무료로 지원됩니다.

　신청일 기준으로 간이사업자는 사업자등록일로부터 20개월 미만, 일반사업자는 13개월 미만이어야 합니다. 판매자 등급은 새싹과 씨앗이어야 하며, 수수료 등급은 영세와 중소 1만 신청 가능합니다. 신청 시 익월 1일에 승인 여부가 결정되며, 2일부터 수수료 무료 지원 혜택이 시작됩니다.

| 사업자 유형 | 국내 사업자 |
| --- | --- |
| 사업자 가입 승인일 | 간이 과세자 최근 20개월 미만<br>일반 과세자 최근 13개월 미만 |
| 사업자 상태 | 정상 |
| 사업자 판매자 등급 | 새싹, 씨앗 |
| 국세청 가맹점 등급 | 영세, 중소1 |

스타트 제로 수수료 신청/승인 조건

주문관리 수수료는 매월 매출의 최대 500만 원에 대해 지원되며, 500만 원을 초과하는 매출에는 정상적으로 수수료가 부과됩니다. 다음 달 2일부터 다시 초기화되어 최대 500만 원 매출에 대해 지원된다는 점도 참고하시면 좋습니다.

이 정도의 매출이 나오면 파워 등급으로 올라갈 수 있는 수준입니다. 새싹이나 씨앗 등급에서 파워 등급으로 성장하면, 스타트 제로 수수료 지원은 중지됩니다. 하지만 다음 달 다시 새싹이나 씨앗으로 떨어지면 다시 스타트 제로 수수료 지원을 받을 수 있습니다.

| 구분 | 주문 관리 수수료 지원 | 매출 연동 수수료 지원 |
|------|----------------------|----------------------|
| 지원 기간 | 승인일 기준 익일부터 최대 12개월간 지원 | 승인일 기준 익일부터 최대 6개월간 지원 |
| 지원 내용 | 주문 관리 수수료 0% 적용 | 매출 연동 수수료 0% 적용 |
| 지원 한도 | 매월 순결제 금액 500만원 까지 | 한도 없음 |

**스타트 제로 수수료 지원 금액**

## 2. 등급별로 지급되는 성장포인트 받기

네이버 스마트스토어의 또 다른 성장 지원 프로그램인 성장포인트가 있습니다. 등급이 오르면 단계별로 포인트를 받을 수 있습니다. 씨앗에서 새싹으로 성장하면 15만 포인트, 새싹에서 파워로 성장하면 30만 포인트, 파워에서 빅파워로 성장하면 100만 포인트를 받을 수 있습니다.

| 1단계 | 2단계 | 3단계 |
|---|---|---|
| 최근 3개월 평균 거래액 처음으로 200만원 이상 ~ 800만원 미만에 도달 | 최근 3개월 평균 거래액 처음으로 800만원 이상 ~ 4,000만원 미만에 도달에 도달 | 최근 3개월 평균 거래액 처음으로 4,000만원 이상 ~ 8,000만원 미만에 도달 |
| 성장포인트 150,000 | 성장포인트 300,000 | 성장포인트 1,000,000 |

**성장포인트 단계별 지원금액**

성장포인트는 각 단계별로 최초 1회 기준을 충족했을 때 받을 수 있으며, 지원받은 포인트는 구매자에게 제공하는 쿠폰이나 리뷰 적립 등의 마케팅 비용으로 사용할 수 있습니다. 포인트를 현금으로 인출하는 것은 불가능합니다.

# 3. 리뷰 이벤트 진행하기

스마트스토어에서는 양질의 리뷰가 매우 중요합니다. 리뷰가 많은 상품은 구매 전환율이 높아지기 때문에, 리뷰를 많이 쌓기 위한 다양한 활동을 해야 합니다. 리뷰 이벤트는 효율적인 리뷰 쌓기 방법 중 하나입니다.

**리뷰 이벤트 표시 화면**

리뷰 이벤트를 진행하면 제품 상세페이지에 이벤트 배너가 노출되어, 구매자들에게 리뷰 작성을 유도할 수 있습니다. 이벤트 보상으로는 일반적으로 5,000~10,000포인트를 걸고 1~3명, 혹은 평소 판매량에 따라 5~10명까지 선정하는 경우가 많습니다. 당첨 확률을 높이려면 1,000포인트를 지급하고 10~20명을 선정하는 방법도 좋습니다.

**리뷰 이벤트 등록 화면**

리뷰 이벤트를 진행하려면 스마트스토어센터 '리뷰 이벤트 관리' 메뉴에서 설정할 수 있습니다. 이벤트 진행 기간과 발표일을 정하고, 이벤트 적용 대상 상품 또는 카테고리를 지정한 후, 당첨자 인원과 혜택을 설정하고 이벤트 문구를 작성하면 완료됩니다. 이벤트 혜택x당첨자 인원만큼의 비용이 충전되어 있어야 이벤트 등록이 가능합니다.

이벤트 기간이 종료되면 당첨자를 선정해야 합니다. 진행 기간 동안 작성된 리뷰가 응모 대상이 되며, 이 중에서 당첨자 인원만큼 선정하면 됩니다. 선정된 리뷰는 자동으로 '베스트리뷰'로 표시되고, 상세페이지 리뷰 영역의 '스토어PICK'에 함께 노출됩니다.

# 4. 베스트리뷰 관리하기

리뷰 이벤트를 진행하지 않아도, 별도로 포인트를 지급하거나 쿠폰을 주지 않고도 베스트리뷰를 선정할 수 있습니다. 베스트리뷰로 선정된 리뷰는 판매자가 직접 선정한 '스토어PICK' 영역에 노출되어, 구매 전환을 유도할 수 있습니다.

**스토어PICK 화면**

스마트스토어센터에서 '리뷰 관리' 메뉴로 들어가면 '베스트리뷰 선정/혜택 지급' 버튼이 있으며, 누적된 리뷰들 중에서 원하는 리뷰를 베스트리뷰로 선정할 수 있습니다. 평점 5점에 포토리뷰나 동영상 리뷰를 선정하는 것이 좋습니다. 선정할 때는 별도로 포인트 적립이나 쿠폰 발행 없이도 가능합니다.

**베스트 리뷰 선정 화면**

# 5. 고객을 모으는 쿠폰 발급하기

구매자 관점에서 보면, 상세페이지에 들어갔을 때 할인쿠폰을 보는 경우가 많습니다. 알림받기나 첫 구매인 경우 사용할 수 있는 쿠폰이 대부분입니다. 재구매 고객이나 특정 타깃을 정하여 쿠폰을 발급할 수 있는데, 이러한 쿠폰은 구매 전환율을 높이고, 특히 알림받기 쿠폰은 향후 마케팅에 활용할 수 있어 많이 사용됩니다.

**쿠폰 발급 화면**

쿠폰 발급은 스마트스토어센터에서 '혜택 등록' 메뉴에서 설정할 수 있습니다. 전체 고객, 첫 구매 고객, 재구매 고객, 알림받기, 타깃팅 고객 등 다양한 타깃을 선택할 수 있으며, 발급 대상 상품을 선택하고, 혜택 기간과 쿠폰 유효기간을 설정할 수 있습니다. 쿠폰의 발급 건수와 할인율도 설정 가능하며, 할인율은 % 단위나 원 단위로 설정할 수 있습니다. % 단위로 설정하는 경우 최대 할인 금액 지정도 가능합니다.

알림받기 쿠폰은 꾸준히 발급하는 것이 좋으며, 유효기간은 3~7일 정도로 짧게 설정하여 구매 전환율을 높일 수 있습니다. 유효기간이 길면 구매를 미룰 수 있기 때문입니다. 실 할인 금액은 보통 500~1,000원 정도로 설정하는 것이 좋습니다.

# 6. 알림받기 고객에게 마케팅 메시지 보내기

 스마트스토어에는 인스타그램의 팔로워나 유튜브의 구독자와 유사한 '알림받기' 기능이 있습니다. 구매자가 관심 있는 상품이 있는 스토어를 즐겨찾기 해놓는 것과 비슷하며, 알림받기 설정을 해놓으면 해당 스토어만 리스트업됩니다.

마케팅 메시지 4가지 작성 예시

 판매자는 알림받기 고객들에게 직접 리스트업할 수는 없지만, 마케팅 메시지를 보낼 수 있습니다. 마케팅 메시지는 무한정 보낼 수는 없으며, 매월 1일 기준으로 알림받기 고객 수만큼 무료로 전송 가능한 건수가 충전됩니다. 전체 고객에게 보낸다면 해당 월에는 전송 건수가 0이 되며, 추가 메시지 전송은 유료로 가능합니다. 유료 전송 건수는 알림받기 고객 수의 3배수만큼 가능합니다.

마케팅 메시지를 보낼 때는 전체 고객보다는 타깃팅하여 맞춤형으로 보내는 것이 좋으며, 할인쿠폰을 함께 보내면 효과가 좋습니다. 매월 무료로 전송 가능한 알림받기 고객 수만큼의 메시지는 꼭 보내보시길 추천드립니다.

마케팅 메시지를 보내는 과정은 다음과 같습니다.

## ① 할인쿠폰 만들기

**마케팅 메시지용 쿠폰 발급 화면**

앞서 설명한 쿠폰 발급 화면에서 '마케팅 메시지'용 쿠폰을 만들어야 하며, 이 쿠폰을 메시지 발송 시 함께 첨부하여 혜택을 줄 수 있습니다.

## ② 발송 스토어 정하기

발송 스토어 정하기 화면

마케팅 메시지를 발송할 스토어를 선택하는 단계입니다. 현재 알림 받기 고객 수와 무료/유료로 전송 가능한 메시지 숫자도 확인할 수 있습니다.

## ③ 목표 설정하기

목표 설정하기 화면

누구에게 메시지를 발송할지 타깃팅을 정하는 단계입니다.

- 알림받기 전체: 전체 고객
- 첫 구매 유도: 최근 2년간 구매 이력이 없는 고객
- 추가 구매 유도: 최근 6개월간 구매 이력이 있는 재구매 고객
- 상품 찜 구매 유도: 특정 상품을 찜한 고객
- 재방문 유도: 최근 30일간 스토어 방문 이력이 없는 고객
- 방문 고객 구매 유도: 최근 30일 동안 방문 이력이 2회 이상이나 구매확정 건이 없는 고객
- 직접 설정: 성별, 연령대, 기간, 주문 이력 등을 조합하여 설정된 고객

목표를 설정할 때, 설정한 목표 대상의 상세 조건이 중요합니다. 예를 들어, 재방문 유도의 경우 '최근 30일간 스토어 방문 이력이 없는 고객'을 대상으로 하며, 메시지 내용도 더욱 구체적으로 작성하는 것이 효과적입니다.

### ④ 타깃팅 설정

**타깃팅 설정**

메시지를 받을 고객 수를 확인할 수 있는 단계입니다. 무료 전송 건수를 모두 소진하면 유료 전송 건수와 비용도 확인할 수 있습니다.

### ⑤ 혜택 첨부 설정

**혜택 첨부 설정**

①번에서 설정한 쿠폰을 첨부하는 단계입니다. 미리 쿠폰을 만들어

야 이 화면에서 선택할 수 있습니다.

### ⑥ 톡톡 마케팅 메시지 편집

**마케팅 메시지 작성**

마케팅 메시지는 설명형, 이미지형, 상품리스트형, 상품카드형 중에서 선택할 수 있습니다. 가독성을 높이기 위해 텍스트보다는 이미지가 효율적이므로, '상품리스트형' 또는 '상품카드형'으로 발송하는 것이 좋습니다. 상품이 하나밖에 없으면 '이미지형'으로 발송하는 것이 효과적입니다.

발송될 메시지에 어울리는 이미지를 만들고, 보여줄 상품을 등록하면 됩니다. 메시지 내용은 단순히 발송하는 것이 아니라, 특정 고객에게 맞춤형으로 작성하여 효과를 높이는 것이 중요합니다.

# 7. 원쁠딜 도전하기

원쁠딜과 원쁠원은 제품을 1+1으로 구성하고 무료배송으로 제공하는 프로모션입니다. 누구나 참여할 수 있는 것은 아니며, 제안서를 제출하면 네이버에서 선정하는 방식입니다.

**원쁠딜 제안 프로세스**

매주 월요일 오전 11시부터 오후 5시까지 제안을 제출할 수 있으며, 차주 월요일 오전 11시에 원쁠딜에 선정된 제품이 발표됩니다. 선정되면 목요일 오후 5시까지 원쁠딜 메뉴에서 등록하고 검수까지 완료해야 합니다. 검수 완료된 원쁠딜 제품은 다음 주 월요일 오후 5시부터 원쁠딜 영역에 노출됩니다.

# 8. 도착보장 프로그램 활용하기

도착보장 프로그램은 네이버에서 가장 적극적으로 추진하는 프로그램입니다. 도착보장 프로그램은 쿠팡의 로켓배송과 유사한 서비스로, 네이버는 제휴 물류업체들을 활용하여 빠른 배송을 지원합니다.

도착보장 프로그램

도착보장 프로그램은 네이버 제휴 물류업체를 선택하여 물건을 보내고, 주문이 들어오면 자동으로 주문 내역을 확인하여 당일 배송을 해주는 서비스입니다.

장점으로는 쿠팡의 로켓배송처럼 '도착보장' 로고 배지가 제품 페이지에 노출되어 소비자가 빠른 배송임을 인식할 수 있으며, 실제로 매출 상승효과가 있다고 공식적으로 홍보하고 있습니다.

단점은 일반 3PL 물류업체를 이용하는 것보다 비용이 조금 더 비쌀 수 있으며, 도착보장 프로그램 이용 수수료가 1.5% 발생합니다. 따라서 마진 계산과 예상 매출 상승을 시뮬레이션한 후 결정하는 것이 좋습니다.

# 꾸준함과 실행력만 있으면 성공할 수 있습니다

저는 1년에 50억, 100억의 매출을 올리는 큰 사업가분들과는 거리가 멀지만, 저도 그분들을 롤모델로 삼아 목표를 세우고 따라가도록 열심히 노력하고 있어요. 마찬가지로 이제 첫발을 내딛는 온라인 셀러분들께서도 비슷한 목표와 꿈을 가지고 있다고 생각합니다. 제가 이 책을 통해 단번에 큰 수익과 성공을 만들어 드릴 수도 없고, 그럴 만한 능력도 되지 않아요. 하지만 첫발을 잘 내디딜 수 있도록 도와드릴 수는 있다고 생각하고 이 책을 쓰게 되었습니다.

사실 저와 여러분의 능력은 종이 한 장 차이에 불과합니다. 제가 단지 먼저 시작하고 먼저 경험했을 뿐이죠. 그렇기 때문에 같은 눈높이에서 바라보며 최대한 이해하기 쉽도록 설명하려고 노력했습니다. 추진력이 빠르신 분들은 금방 저를 따라잡고 뛰어넘으실 수 있을 거라는 생각도 들고, 그렇게 되길 진심으로 응원합니다.

이 책에서 제가 하고 싶은 이야기와 해드릴 수 있는 이야기는 오직 '꾸준함'과 '실행' 단 두 가지였어요. 결국 이 책의 이야기는 전부 온라인 셀러로서 실행해야 하는 것들을 풀어서 설명해놓은 것뿐이거든요. 책을 읽고 지금 당장 홈택스를 열어 사업자 등록을 하고, 스마트스토어센터에 들어가서 가입하기 버튼을 누르셨다면 저는 충분히 행복합니다. 꾸준히 하는 것은 오롯이 여러분의 몫입니다.

저는 앞으로도 계속 온라인 셀러로서의 길을 걸을 예정이에요. 3년 뒤에도, 5년 뒤에도 여러분들 앞에서 길을 비춰주는 존재가 되고 도움이 될 수 있길 준비하고 있어요. 혹은 저와 나란히 옆에서 같이 함께 달려갈 동료가 나타나길 기대하고 있습니다. 포기하지 않고 꾸준히 실행하면 나란히 달리고 있는 제가 보일 거예요.

판매가 잘 되어 매출이 많아지면 당연히 기분이 좋고 행복할 거예요. 하지만 반대로 매출이 떨어지면 슬프고 화가 날 수도 있어요. 일희일비하지 않고 좀 더 멀리 보고 생각할 수 있기를 희망합니다. 그러기 위해서는 매출이라는 숫자에 집중하기보다는, 좋은 아이템을 찾는 것과 이 아이템을 어떻게 상품화하여 판매해야 고객들이 좋아할지에 대해 고민해보세요. 근본적으로 좋은 제품을 만들어 판매하는 것에 흥미를 얻게 되면, 자연스럽게 판매량과 매출은 늘어날 거예요.

일이 재밌어야 오랫동안 꾸준히 할 수 있습니다. 재미와 성취감, 두 마리 토끼를 모두 잡는 온라인 셀러로서의 성장을 항상 응원하겠습니다. 마지막으로 끝까지 읽어주셔서 감사드립니다.

# 부록

스마트스토어_목표관리.xlsx

스마트스토어_마진관리테이블.xlsx

스마트스토어_키워드관리.xlsx

스마트스토어_이벤트마케팅테이블.xlsx

스마트스토어_스토어분석_자가체크리스트.xlsx